Ostafrikanisch kochen

Die Autorin

Ketsela Wubneh-Mogessie wurde 1955 in Addis Abeba in Äthiopien geboren. Sie studierte Haus- sowie Betriebswirtschaftslehre und arbeitete als Lehrerin. Heute lebt Ketsela Wubneh-Mogessie in Graz. Sie ist verheiratet und Mutter einer Tochter.

Ketsela Wubneh-Mogessie

◆

Ostafrikanisch kochen
Gerichte und ihre Geschichte

◆

Verlag Die Werkstatt · Edition d i á

CIP-Titeleintrag der Deutschen Bibliothek:

Wubneh-Mogessie, Ketsela:
Ostafrikanisch kochen / Ketsela Wubneh-Mogessie. - Göttingen : Verl. Die Werkstatt ; Berlin : Ed. Diá, 1999
   (Gerichte und ihre Geschichte)
   ISBN 3-89533-246-1

1 2 3   2002 2001 2000 1999

© 1999 Verlag Die Werkstatt, Göttingen.
Dieses Buch erscheint in der Reihe »Gerichte und ihre Geschichte« der Edition diá, Berlin.
Alle Rechte vorbehalten
Fotografien: Ketsela Wubneh-Mogessie: Umschlag, S. 32b, 96b; Heidi Schmachtenberg: S. 32a, 96a, 128a, 128b (unten); Hannelore Engelhard: S. 64a (unten), 128b (oben); Annemarie Winter: S. 64b (unten); Hans-Jürgen Arnold: S. 64a (oben); Girma Fisseha: S. 64b (oben)
Gesamtherstellung: Verlag Die Werkstatt GmbH, Lotzestraße 24a, 37083 Göttingen

ISBN 3-89533-246-1

Inhalt

Die ostafrikanische Küche
Land und Leute 8
Geschichte 10
Länder 18
Mahlzeiten und Eßgewohnheiten 25
Getränke 29
Gewürze und Zutaten 32

Rezepte
Typische Zutaten 41
Fladenbrote 47
Imbisse 53
Suppen 57
Hülsenfrüchte 63
Gemüse 73
Gemüse mit Fleisch 89
Fleisch 95
Innereien 113
Geflügel 119
Fisch 129
Pasten 137
Beilagen und Salate 141
Eier und Milchgerichte 147

Rezeptregister 151
Stichwortregister 157

Dank

Wenn es gelingen sollte, bei Ihnen Lust auf die afrikanische Küche zu wecken oder neu zu entfachen, so habe ich damit einen Teil des Dankes an meine Mutter und meine Schwester Kedest Wubneh abgestattet.

Ich danke Frau Dr. Marianne Müller-Dürr, Frau Rita Tremmel und Frau Dr. Barbara Hoinkes für ihre freundliche Mithilfe bei der Korrektur dieses Buches. Darüber hinaus Dank an Frau Yalemzewd Worku, Solomon Kassa und dem »Addis Restaurant« in New York.

Danken möchte ich aber auch meinem Mann Dr. Aberra Mogessie und meiner Tochter Bruktayit Mogessie, die mir verständnisvoll zur Seite standen, sowie Frau Murorunkwere Jeanne d'Arc und allen äthiopischen Freunden, die mir so großzügig durch Gespräche und Ratschläge geholfen haben.

Ich wünsche Ihnen viel Spaß beim Kochen und viel Freude beim Genießen der Speisen!

Die ostafrikanische Küche

Wesentliche Abschnitte der Menschwerdung haben im afrikanischen Busch stattgefunden, hier hat sich der Mensch aufgerichtet und seinen Blick über das Savannengras zum Horizont erhoben. Fossilfunde, insbesondere aus Ostafrika, scheinen diese These zu belegen. Das mindeste, was sich mit Sicherheit sagen läßt, ist, daß der Mensch seit einigen Millionen Jahren in diesem Teil Afrikas lebt. Hier finden sich mehr Spuren und Hinweise als irgendwo sonst.

Obwohl der Strom deutscher Ostafrika-Reisender ständig zunimmt – besonders Kenia und Tansania sind als Touristenziele beliebt –, ist die Küche dieses Kulturkreises im deutschsprachigen Raum nahezu unbekannt. Das mag daran liegen, daß immer noch das Vorurteil existiert, afrikanisches Essen sei grundsätzlich ein Produkt der Armenküche oder aber exotische Rarität.

In den meisten europäischen Ländern haben die Eßgewohnheiten in den letzten Jahrzehnten große Veränderungen durchlaufen: durch den Tourismus, durch Geschäfte und Restaurants mit ehedem fremden Spezialitäten. In vielen deutschen Küchen werden mittlerweile Pizza und Cevapcici ebenso selbstverständlich zubereitet wie Schnitzel. Von dieser Entwicklung ist die afrikanische Küche bislang weitestgehend ausgeschlossen.

Zahlreiche Bücher wurden über Ostafrika geschrieben – wer kennt nicht »Jenseits von Afrika«, den Weltbestseller von Tania Blixen –, nicht aber über seine Küche. Das vorliegende Buch schließt die Lücke. Es soll einen Eindruck von der Vielfalt der Kochkunst dieser Region vermitteln, den Kern bilden dabei Gerichte aus Äthiopien.

Land und Leute

Über Afrika sind zahllose Klischees in Umlauf. Da sind zum einen die Berichte von Schönheit und urwüchsiger Natur, zum anderen die über allgegenwärtige Gefahren, Hungersnöte, blutige Bürgerkriege und ansteckende Krankheiten. Aber von Afrika in toto zu reden, ist in etwa so präzise wie von »dem« Europa. So wie es charakteristische Besonderheiten Europas gibt, mag es auch Afrikatypisches geben, das »eine« Afrika aber existiert nicht, vielleicht sogar weit weniger als das »eine« Europa. Afrika vereint eine fast unübersehbare Fülle unterschiedlicher Länder, Sprachen und Völker.

Die Lage einer Region ist auch sein Schicksal. Ostafrika ist über den Indischen Ozean und das Rote Meer zu erreichen, Flüsse und Berge verbinden den Norden mit dem Süden – vorgezeichnete Wege von Völkern auf Wanderschaft. Diese Völkerwanderungen und der jahrhundertealte Handel hinterließen tiefe Spuren, auch in der Kochkunst. Römer, Ägypter, Araber, Portugiesen, Italiener und Inder haben im Laufe der Jahrhunderte hier gelebt, gekocht und gegessen. Sie alle haben Küche und Haushalt beeinflußt, geprägt und jene Vielfalt geschaffen, die bis heute sichtbar und schmeckbar ist.

Ostafrika ist sicher der älteste Kulturraum des »alten« Kontinents. Zu ihm zählen alle Gebiete östlich des zentralafrikanischen Grabens und südlich der nordafrikanischen Wüsten und des äthiopischen Hochlandes, also das südliche Somalia, das südliche Äthiopien, Kenia, Tansania, Uganda, Ruanda, Burundi, das nördliche Sambia, Malawi und das nördliche Mosambik. Die Gegensätze können nicht größer sein: Kenias Strände und Wildreservate zielen auf Tourismus und Weltoffenheit, während die Dürregebiete Somalias, die Grenze zwischen Eritrea und Äthiopien oder die Bürgerkriegszonen Ruandas absolute Sperrgebiete sind. Zwischen diesen Extremen findet der »ganz normale« Alltag statt, der weder zur Welt des Überflusses noch der des tiefen Elends gehört.

Ostafrika läßt sich in seiner Vielfalt hinsichtlich der natürlichen Voraussetzungen kaum in ein einheitliches Schema pressen, weder was Klima und physikalische Gliederung, noch was Flora und Fauna betrifft. Ähnlich vielfältig sind Herkunft und Kultur der Menschen und damit die kulinarischen Spezialitäten und Gewohnheiten. Von einer einheitlichen Küche Ostafrikas zu sprechen wäre deshalb anmaßend, Gemeinsamkeiten aber lassen sich finden.

Das Klima ist bei der Bestimmung von Fülle und Form des Lebens in jedem Ökosystem ein entscheidender Faktor: durchschnittliche und tatsächliche Niederschlagsmenge, Temperaturen, Witterungsablauf. Ostafrika bietet auch hier kein einheitliches Bild. Seit Jahrtausenden erlebt der Kontinent immer wieder Niederschlagsschwankungen, die Regenmengen fallen wegen der stark differierenden Erdoberfläche völlig unterschiedlich aus, und mindestens einmal in zehn Jahren versiegt der Regen. Pflanzengattungen haben sich auf diese Weise stark verändert oder sind ausgestorben.

Zwischen Wüsten und Regenwäldern

Ostafrika verfügt über eine in den Tropen selten anzutreffende Vielfalt von Lebensräumen: weitläufige Savannen mit gemäßigtem Klima, schneebedeckte Vulkangipfel am Äquator, riesige Seen und Hochebenen, Wüsten und Regenwälder, Meeresküsten und Sümpfe. Reine Wüstenvegetation ist lediglich in einem relativ kleinen Gebiet östlich des Turkana-Sees anzutreffen; sehr viel weiter verbreitet sind Hochland- und Bergvegetation. Wir finden hier die verschiedensten Landschaftsformen, Vegetationen und Tiergesellschaften.

Die Völker Ostafrikas und die Tierwelt leben seit Menschengedenken eng miteinander verbunden. Wildtiere waren und sind wesentliche Elemente afrikanischer Kultur wie auch des Wirtschaftslebens. Sie hatten ihren Platz bei wichtigen Zeremonien wie Initiation oder Heirat, bei Gebeten oder Weissagungen und in der Medizin, sie lieferten Kleidung und Nahrung. Nur zu besonderen Anlässen wurde ein Tier geschlachtet und gebraten. Essen war in dieser Weltregion eingebettet in eine spezifische Kultur und eine Umwelt, die immer bestrebt war, den einzelnen zur Teilnahme am Ganzen zu veranlassen.

Geschichte

Ostafrika wird häufig als geschichtsloser Raum dargestellt. Schriftliche Belege aus der Vergangenheit reichen nicht sehr weit zurück und beschränken sich auf einzelne, meist fremdbesiedelte Gebiete. Aber natürlich besitzt dieser Teil Afrikas seine vorkoloniale Geschichte und seine Mythen.

Die ersten Bewohner waren Jäger, Sammler und Fischer. Die Herstellung von Werkzeugen und die Kenntnis der Steinbearbeitung sind hier seit Millionen von Jahren bekannt. Das kulturelle Bild Afrikas differenzierte sich zwischen dem 7. und 5. Jahrtausend vor Christi Geburt deutlicher. Bei einer Betrachtung der geschichtlichen Entwicklung sind mehrere Phasen zu unterscheiden. Gemeinsam ist allen, daß sie geprägt wurden durch eine ununterbrochene, kaum überschaubare Folge von Völkerwanderungen, -vermischungen und -neubildungen. Besonders die zunehmende Austrocknung der Sahara etwa im 3. Jahrtausend vor unserer Zeitrechnung löste nicht nur eine gewaltige Völkerwanderung aus, sondern auch eine veränderte Wirtschaftsform. Die mit Ackerbau und Viehzucht vertrauten Südkuschiten verdrängten in Ostafrika die bantusprachigen und nilotischen Jäger. Viehhaltung wie Getreideanbau verbreiteten sich, Kulturpflanzen wie Hirse, Yams, Banane und Süßkartoffel dienen seitdem als sättigende Nahrung. Und die Menschen prägten ihre Umwelt: durch Feldbau und Viehzucht, später durch Brandrodung und Holzschlag.

Schon die Ägypter fielen in dieses Gebiet ein, später gelangten arabische Händler zu den Küsten, ihnen folgten Griechen, Römer und Araber, und schließlich kamen die Europäer.

Religion Etwa die Hälfte aller Ostafrikaner sind christlichen Glaubens. Im Alltag leben viele von ihnen eine Mischung aus Christentum und eigener Tradition. In den meisten Ländern bilden Natur, Kultur und Glauben eine Einheit, im Alltag wie im Ritual. »Naturreligionen« und »Animismus« sind die Oberbegriffe afrikanischer Glaubenswelten, die sich von Volk zu Volk erheblich unterscheiden. Dabei kommt den Ahnen eine große Bedeutung zu. Sie gelten nicht als tot, sondern man ist überzeugt davon, daß sie weiterhin in die Abläufe der Gemeinschaft eingreifen. Sie leben mit im Alltag, beeinflussen Geschicke und Entscheidungen ihrer Nachfahren. Daneben existiert eine Art pantheistischer Glaube an gute und böse Geister; die umgebende Natur – Bäume, Berge, Felsen und Quellen – gilt als beseelt.

Vom 9. Jahrhundert an verbreiteten die Araber den Islam an der Küste. Mit den Sklavenkarawanen drang er im Laufe des 19. Jahrhunderts in das Innere Ostafrikas vor. Heute sind etwa 10 bis 12 Prozent aller Ostafrikaner Moslems. Die Swahili-Küste Kenias, die Somali-Halbinsel und Tansania werden von dieser Weltreligion dominiert.

Ägypter Bereits im Altertum fand über ägyptische Kaufleute ein kultureller und somit auch kulinarischer Austausch mit ihrer Hochkultur statt. Um 2500 vor Christi Geburt besuchten ägyptische Schiffe das »Land Punt«, bei dem es sich um die äthiopische und somalische Küste gehandelt haben dürfte. Der Handelsverkehr zwischen Mittelmeer, Rotem Meer und Indischem Ozean florierte schon früh.

Das Reich von Aksum, um 950 vor unserer Zeitrechnung gegründet und in Zusammenhang mit dem biblischen König Salomo erstmalig erwähnt, war Zentrum dieser Weltgegend. Sein städtisches

Herz schlug im Vorgebirge des nördlichen äthiopischen Bergmassivs. Aksum verdankt seine wirtschaftliche Kraft und kulturelle Blüte vor allem der führenden Stellung im Fernhandel. In der Hafenstadt Adulis trafen sich aksumitische Händler mit Römern, Griechen, die durch das Rote Meer nach Ostafrika fuhren, Persern, Arabern und Juden. Aksum mit seinem am Roten Meer gelegenen Hafen Adulis war nicht nur Exportland für Elefanten, Elfenbein und Weihrauch, der in Form von gelben Harzkörnern gewonnen wurde, sondern auch für Produkte wie Schildpatt, Gold und Rhinozeroshorn. Der Bericht über das aksumitische Reich »Periplus maris Erythreae« (Umschiffung des Roten Meeres) aus der zweiten Hälfte des 1. Jahrhunderts nach Christi Geburt stammt von einem namentlich nicht bekannten Autor. In jener Zeit fanden auch Gerichte aus Rind-, Hammel- und Hühnerfleisch zum ersten Mal schriftliche Erwähnung.

Araber

Noch vor der Zeitenwende segelten arabische Kapitäne entlang den Küsten nach Indien, dessen Gewürze – Kardamom, Kreuzkümmel und Nelken – auf diesem Weg Ostafrika erreichten. Seit dem 3. Jahrhundert kamen die Händler aus Südarabien und dem Persischen Golf regelmäßig, die Tauschbeziehungen nahmen einen gewaltigen Aufschwung. Ostafrika lieferte Gold, Elfenbein, Tierfelle, Schildkrötenpanzer, Bernstein, Roheisen, Mangrovenholz, Kupfer und Sklaven. Im Austausch brachten die Händler Teppiche, Baumwollstoffe, Gewürze, Glas, Porzellan, Bananen, Kartoffeln sowie Pflanzen wie Zitrusfrüchte und Baumwolle.

Mit dem Islam drangen auch die Eßgewohnheiten der Araber ins nördliche Ostafrika vor: der Frühstücks- und Nachmittagstee, Krapfengebäck und Süßspeisen, die als Imbiß serviert werden. Ein Beispiel ist auch der vielfältig gewürzte Reis mit Fleischeinlage.

Im 10. Jahrhundert kam es zur Gründung dauerhafter Siedlungen von Arabern aus dem Jemen und Oman auf Pemba (Nord-Tansania), in Lamu und Mogadischu. Die Verschmelzung einer schwarzafrikanischen (Bantu)-Basis mit arabisch-islamischen Elementen begann.

Parallel zur Entwicklung der Handelsniederlassungen verlief die vollständige Islamisierung der Küste durch die eigenständige Kultur der Swahili, die sich im 14. und 15. Jahrhundert entfaltete. Die Städte der Swahili waren auf küstennahen Inseln oder Halbinseln gelegen, der Seehandel bildete ihre Haupteinnahmequelle. In politischer Hinsicht waren die Siedlungen voneinander völlig unabhängige Einheiten.

Etwa im 13. Jahrhundert begann die Zuwanderung von Hima-Hirten und nilotischen Rinderzüchtern aus dem Raum des heutigen Südäthiopien. Als erste Dynastie dieser »Hirtenaristokratie« gelten die Ba-Chwezi, die vermutlich um 1350 ihr Machtzentrum im westlichen Uganda etablierten. Um 1500 verschwanden sie aus unbekannten Gründen aus dieser Region. Ihnen folgte die Gruppe der nilotischen Luo an die Macht, die Ba-Bito (Luo Bito).

Ab dem 16. Jahrhundert, nach dem Ende der Ba-Chwezi, hatten Hima-Zuwanderer weiter südlich neue »Viehzüchterdynastien« etabliert: in Ankole, dem heutigen Süduganda, die der Ba-Hinda, in Ruanda und Burundi die der Tutsi, in Nordkenia die der Oromo. Es folgten verwandte Dynastien in Busoga (Ost-Uganda) und Bukoba (Nordwest-Tansania). So entstand ein wahrer Schmelztiegel von Kulturen und Völkern.

Kontakte zwischen Europa und Ostafrika bestanden bis zum Ende des 15. Jahrhunderts so gut wie keine. Araber und später osmanische Türken kontrollierten die Handelsrouten. Die erste europäische Flotte war die des Portugiesen Vasco da Gama, die 1498 an der Küste landete. Da Gama zwang die Stadt Kilwa zu Tributzahlungen an den portugiesischen König und legte damit den Grundstein zur Unterwerfung aller Häfen. Diejenigen Städte, in denen Widerstand aufflammte,

Europäer

wurden geplündert und niedergebrannt. Die Überlebenden flohen ins Hinterland.

Um 1500 folgten weitere portugiesische Erkundungsfahrten, und bis zur Mitte des 16. Jahrhunderts hatten die Portugiesen eine lange Kette von Niederlassungen etabliert: von Südarabien bis zum Persischen Golf. An der Swahili-Küste änderte sich die Ernährung aufgrund der Einführung neuer Kulturpflanzen aus Südamerika und Westafrika – Mais, Ananas, Guaven, Erdnüsse und andere – grundlegend.

Bereits für die alten Hochkulturen und noch für die Europäer des Mittelalters war die Erforschung des Nils ein Interesse ersten Ranges gewesen. Die Portugiesen nahmen die Suche nach seinen Quellen wieder auf. Größtes Hindernis bei ihren Entdeckungsreisen waren die arabischen Händler, die den Zugang von der Ostküste und vom Norden her kontrollierten. Einigen Einzelgängern aber gelang es, immer weiter nilaufwärts vorzudringen.

Kurz vor 1600 traten die Holländer als Konkurrenten im Indienhandel auf den Plan, gefolgt von Engländern, Franzosen, Schweden und Dänen. Die Handelsbeziehungen brachten immer neue, bis dahin unbekannte Nahrungsmittel auch nach Ostafrika, der Zwischenstation auf dem Weg nach Indien, etwa Alkohol in Form von Branntwein und Likör.

In der Mitte des 17. Jahrhunderts verloren die Portugiesen ihre südarabischen Besitzungen wieder, neue Herrscher waren die Araber. Zwischen 1652 und 1698 vertrieben sie die Europäer aus allen Städten, was allerdings für die einheimische Bevölkerung wenig änderte. Als der Engländer J. Bruce 1770 an den Quellen des Blauen Nils in Äthiopien stand, war das Tor zu weiteren Erkundungen der ostafrikanischen Fluß- und Seensysteme aufgestoßen. In der ersten Hälfte des 19. Jahrhunderts gelangten die Gebrüder d'Abbadie aus Frankreich, die sich von 1838 bis 1848 in Äthiopien aufhielten, nach Lalibela mit seinen berühmten Felskirchen. Ihren Spuren folgten zwei deutsche Missionare: 1848 bekam als erster Europäer Johannes Rebmann den Kilimandscharo zu Gesicht, ein Jahr später stand Johann Ludwig Krapf vor dem Mount Kenia – Schneeberge am Äquator! Im Jahre 1854 erreichte der englische Forschungsreisende Sir Richard Burton als erster Europäer in arabischer Kleidung die Stadt Harar im Osten Äthiopiens. Mit den Entdeckungen stieg die Motivation anderer europäischer Expeditionen, ins Innere des Kontinents aufzubrechen.

Nun kamen Briten, Deutsche, Niederländer, Belgier und Franzosen, die neue Märkte und Rohstoffquellen erschließen wollten. Gleichzeitig versuchten sie, so gut es ging, den Sklavenhandel zu verschleiern und für ihre eigenen Interessen nutzbar zu machen.

Die Berliner Konferenz von 1884/85 regelte die Gebietsansprüche der europäischen Nationen in Afrika. Ohne Rücksicht auf kulturelle und ethnische Belange wurde das große Siedlungsgebiet der Masai östlich des Victoriasees zweigeteilt; am Ende war das Volk auf drei verschiedene Staaten verteilt. Diese willkürlichen Grenzziehungen stellen bis heute ein Problem dar.

Willkürliche Grenzziehung

Kenia wurde durch sein angenehmes Klima, den Reichtum und seine fruchtbaren Böden zum bevorzugten Siedlungsraum der Europäer. Die in das Land strömenden Siedler besetzten das ertragreichste Land, verpflichteten alle auf ihm lebenden Menschen zur Zwangsarbeit oder vertrieben sie in »Reservate«. Von diesem Vorgehen besonders betroffen waren die Masai, die ein Weidegebiet nach dem anderen verloren. Zudem wurde die verkehrstechnische Erschließung der Region vorangetrieben. Mit dem Bau eines Bahnnetzes kamen auch Inder und Griechen, die später den Handel dominieren sollten. Mit der ökonomischen Entwicklung durch die Kolonisatoren wurde der Anbau von sogenannten *Cash-crops* gefördert: Produkte, die nur für den Export bestimmt waren. Dazu zählten beispielsweise Sisal, Kautschuk, Kaffee und Baumwolle.

Der europäische Kolonialismus, der bis weit ins 20. Jahrhundert andauerte, hatte auch für Ostafrika die bekannten verheerenden Folgen – mit einer Ausnahme: Äthiopien. Italien, das nach der Gründung seiner Kolonie Eritrea im Jahre 1890 versucht hatte, ein Protektorat über Äthiopien zu errichten, wurde im äthiopisch-italienischen Krieg 1896 von Menelik II. in Adua vernichtend geschlagen. Durch diesen historischen Sieg bewahrte sich Äthiopien seine Unabhängigkeit vor dem Zugriff des europäischen Kolonialismus. Der Grundstein für eine langsame Modernisierung des rückständigen Feudalreiches war gelegt.

Sklavenhandel

Zwischen dem 16. und dem späten 19. Jahrhundert erreichte der Sklavenhandel in Afrika seinen Höhepunkt und hinterließ blutige Spuren. Sklavenexporte von der ostafrikanischen Küste sind in geringem Umfang bereits aus vorislamischer Zeit belegt, Haussklaven galten wohl schon immer als Selbstverständlichkeit. Bis zum Ende des 18. Jahrhunderts aber wurden Sklaven nur in Ausnahmefällen als Feldarbeiter eingesetzt. Die neue Form des Sklavendienstes entstand im frühen 19. Jahrhundert, als die Franzosen auf ihren Besitzungen Zuckerrohrfelder anlegten.

1840 stieg Sansibar zum größten Sklavenumschlagplatz im Bereich des Indischen Ozeans auf. Die Hälfte der »Ware« wurden auf den eigenen Plantagen eingesetzt, die andere Hälfte nach Persien und Arabien verschleppt. Die wichtigsten Sklavenhandelsrouten führten von Kiwa durch Süd-Tansania zum Malawi-See und von der nahe Sansibar gelegenen Festlandsküste über Tabora zum Victoriasee/Buganda und nach Udjidji (Kongo). Sklavenhandel spielte außer an der Küste kaum eine Rolle. Zu einer tiefen Durchdringung des Binnenlandes durch Araber und Swahili – wie etwa in Westafrika – kam es im Osten nicht. Trotz Verbotes (1873) ging der illegale Handel bis 1890 weiter.

Die Eröffnung des Suezkanals 1869 führte zu einem allgemeinen Handelsaufschwung und erhöhte die geopolitische Bedeutung der Region für die europäischen Mächte. Indische Handelsniederlassungen entlang der Küste bestanden schon seit Jahrhunderten. Eine Einwanderung aus dem indischen Subkontinent setzte aber erst 1896 ein, als die Briten in Mombasa mit dem Bau der Uganda-Eisenbahn begannen und Arbeitskräfte brauchten. Diese hatten sich bis etwa 1820 auch im Indischen Ozean als führende Handelsmacht etabliert; dann dominierten andere den ostafrikanischen Markt: Franzosen, US-Amerikaner, Deutsche und Belgier.

Auflehnung gegen die Kolonialherren hatte es von Anfang an gegeben. Den ersten organisierten Widerstand nach dem Maji-Maji-Aufstand von 1906 leistete das Volk der Kikuju in Kenia. Nach dem Ersten Weltkrieg wuchs aus den einzelnen Oppositionsbewegungen eine wirkliche politische Bewegung. In den zwanziger Jahren entstanden in Kenia, Tanganjika, Sambia und Uganda erste politische Organisationen, gründeten sich Gewerkschaften, Genossenschaften und Parteien. Kurz vor Ende des Zweiten Weltkrieges hatten die ostafrikanischen Widerstandsbewegungen eine wachsende Anhängerschaft gefunden.

Unabhängigkeit

In der gemeinsamen Kolonialgeschichte – Tanganjika, Ruanda und Burundi waren ehemals deutsch, Sansibar, Uganda und Kenia britisch – und innerhalb der afrikanischen Bewegungen – etwa der Organisation für Afrikanische Einheit OAU – spielten zumindest Kenia und Tansania bedeutende Rollen. Trotzdem bildete keines der Länder eine politische oder kulturelle Einheit, zu verschieden waren Sprache, Religion und Kultur der Menschen.

Ab 1961 erhielten die britischen Ostafrikabesitzungen nach ersten Parlamentswahlen die Selbstverwaltung: Ende 1961 wurden Tanganjika, 1962 Uganda, 1963 Kenia und Sansibar offiziell unabhängig. Ihnen folgten 1962 Ruanda und Burundi, 1964 vereinigten sich Tanganjika und Sansibar zu Tansania.

Durch das Eindringen europäischer Werte und Normen und die Übernahme europäischer Lebens- und Konsumgewohnheiten brachte die Unabhängigkeit gesellschaftlich keine einschneidenden Veränderungen. Die Politik der Kolonialzeit mit ihrer intensiven Förderung des Anbaus von Pflanzen wie Kaffee und Baumwolle für den Export hatte gleichzeitig die Selbstversorgungsfähigkeit der Länder vernachlässigt. Darunter leiden sie bis heute.

Länder

Äthiopien

Äthiopien gilt als das älteste Staatswesen auf afrikanischem Boden. Zugleich zählt es zu den größten und bevölkerungsreichsten Ländern des Kontinents. Das Gebirgshochland und der Tanasee, der größte aller Bergseen Äthiopiens, liegen in einem Einbruchkessel. Durch den vulkanischen Grabenriß wird das äthiopische Hochland in zwei Teile getrennt. Addis Abeba, die Hauptstadt, liegt 2400 Meter über dem Meeresspiegel. Die höchste Erhebung des Landes ist der 4620 Meter hohe Ras Daschan. Der Blaue Nil, der dem Tanasee entspringt, versorgt nicht nur Äthiopien, sondern auch den Sudan und Ägypten mit Wasser.

Die Böden aus vulkanischem Gestein sind relativ günstig für die landwirtschaftliche Produktion. Das Klima ist angenehm und kennt nur wenige Temperaturschwankungen. Nach Klima, Vegetation und wirtschaftlicher Nutzung unterscheidet man in Äthiopien drei Höhenzonen: Kolla, Woina Dega und Dega. Kolla ist die Fußregion der Gebirge unter 1800 Metern, in der Wälder, Gummibäume, Bananenstauden, Dattelpalmen und Kaffee wachsen. An Kulturpflanzen gedeihen in dieser Zone Tabak, Mais, Durrah, Baumwolle und Bananen. In der gemäßigten Zone des Woina-Hochlandes zwischen 1800 und 2500 Metern werden nicht nur subtropische Pflanzen wie Wein,

Gerste, Weizen, Hirse, Mais, Teff und Hülsenfrüchte angebaut, sondern auch mittelmeerische Früchte wie Feigen, Orangen und Zuckerrohr. In der sich anschließenden kühlen Nebelzone Dega, die in 2500 Meter Höhe beginnt, wachsen Getreide, Gerste, Hafer, Linsen und Weizen. Eine wirtschaftliche Bedeutung haben auch Vieh- und Schafzucht.

In allen drei Klimazonen sind Euphorbien weit verbreitet, eine zu den Wolfsmilchgewächsen zählende Pflanze. Besonders die baumartige Kandelaber-Euphorbie gibt dem Landschaftsbild oft ein eigenartiges, malerisches Gepräge. Ihr milchiger Saft wird als Heilmittel verwendet. Charakteristisch für das Hochland ist der Eukalyptusbaum.

Noch heute gedeiht in Kaffa der Kaffeestrauch wild; dort befindet sich, neben Harrar, auch sein Hauptanbaugebiet. Das äthiopische Hochland gilt als eines der großen Zuchtzentren für Kulturpflanzen wie Bananen, Zwiebeln und Weizen. In der feuchtwarmen Bergregion des Südens wird Enset kultiviert, eine stärkehaltige Frucht, die »falsche Banane« genannt wird. Das Innere der Knolle wird zerkleinert und gekocht oder zu einem Mehl zerrieben, mit dem gebacken wird.

Im Küstenbereich des Roten Meeres liegt das Danakil-Tiefland, das heißeste Gebiet der Erde, in dem das Thermometer im Sommer bis zu 60 Grad im Schatten aufweist. Die Salzwüste ist ein durch vulkanische Kräfte emporgehobener Meeresboden, eine unfruchtbare Gegend ohne Pflanzenwuchs.

Die Mehrheit der Bevölkerung lebt von Viehzucht und Landwirtschaft. Im Nordosten des Landes werden Teff, Mais und Gerste angebaut. Ebenso spielt der Anbau ölhaltiger Pflanzen wie Nug *(Niger Seed)*, Sonnenblumen und Flachs eine bedeutende Rolle.

Burundi

Burundi war wie Ruanda in vorkolonialer Zeit ein klassisches Zwischenseenreich der Tutsi, bevor es deutsches Protektorat und belgisches Völkerbund- bzw. UN-Mandat wurde. Der Übergang zur Unabhängigkeit gestaltete sich in Burundi weniger problematisch als im Nachbarland.

Den größten Teil des Staatsgebietes bildet hohes Bergland. Über 90 Prozent der Bevölkerung leben von der Landwirtschaft, aber auch die Fischerei spielt eine Rolle. Rinderzucht hat vor allem für die Tutsi größte Bedeutung. Neben den Produkten, die der reinen Selbstversorgung dienen, werden vorwiegend Kaffee, Tee, Baumwolle und Reis angebaut. Der traditionelle Anbau von Hirse wurde durch Veränderungen der Anbaugewohnheiten und die heute am weitesten verbreitete Nahrungspflanze Mais verdrängt. Wichtigste Außenhandelspartner Burundis sind Kenia, Belgien, Frankreich und die Bundesrepublik Deutschland.

Kenia

Kenia wird beherrscht von zwei mächtigen Vulkanmassiven, dem Kenia und dem Aberdares. Mehr als die Hälfte der nördlichen Landesfläche ist trockenes Plateau. Von allen Staaten Ostafrikas weist Kenia den höchsten Anteil an Trockengebieten auf, ein ganzes Spektrum an Wüsten und Halbwüsten. Daneben wechseln sich verschiedene Busch- und Savannenformen mit Hochland- und Bergwäldern ab.

Mit etwa 40 verschiedenen Völkern verzeichnet das Land die größte ethnische Vielfalt. Das zahlenmäßig und wirtschaftlich dominierende Volk sind die bantusprachigen Kikuyu. Kenia gehört zu den Staaten mit den höchsten Einkommensunterschieden der Welt; Hauptdevisenbringer ist der Tourismus. Knapp 80 Prozent der Bevölkerung leben auf dem Land; etwa 1,5 Millionen Menschen sind in der Hauptstadt Nairobi ansässig. Das bedeutende Industrie-, Handels- und Verkehrszentrum ist einer der umsatzstärksten Finanzplätze des Kontinents. Nairobi ist das kulinarische Paradies Ostafrikas, dessen Angebot von der indischen und chinesischen über die italienische, arabische und französische zur afrikanischen Küche reicht. Zu den Besonderheiten kenianischer Kochkunst zählt etwa die Verwendung von Kokosmilch, grünen Mangos und Curry zur Verfeinerung von Fischgerichten.

Die meisten fruchtbaren Gebiete des Landes dienen dem Anbau von *Cash-crops* für den Export; die wichtigsten sind Kaffee und Tee, gefolgt von Früchten, Sisal, Tabak, Baumwolle, Gemüse und Blumen. Etwa 15 Prozent der kenianischen Farmer leben von diesen Agrarprodukten. Traditionelle Nahrungspflanzen der Kleinbauern sind Sorghum, Weizen, Gerste, Süßkartoffeln, Mais, Reis und Bananen.

Kenia zählt zu den viehreichsten Ländern der Welt. Bis heute ist eine »gebrannte Ziege« das Lieblingsgericht der meisten Kenianer. So kommt der Rinder-, Kamel- und Ziegenhaltung nach wie vor eine herausragende Bedeutung zu. Kenianische Rancher erzeugen in normalen Jahren nicht nur genügend Fleisch, um die Inlandsnachfrage zu decken, sondern sogar Überschüsse für den Export. Am Victoria- und am Turkana-See, der die größte Menge des beliebten Tilapia-Fisches sowie eine Goldbarschart liefert, spielt die Binnenfischerei eine wichtige Rolle.

Ruanda

Ruanda ist ein sehr kleines Land im Herzen des ostafrikanischen Zwischenseengebietes südlich des Äquators. Im Osten grenzt es an Tansania, im Norden an Uganda, im Westen an Zaire und den Kivu-See und im Süden an Burundi. Ruanda ist sehr gebirgig, mit Höhenlagen von 1200 bis 4500 Metern. Der Großteil des Landes ist von aufsehenerregender Schönheit und zählt zu den interessantesten Reisezielen. Mit dem Kivu-See und den imposanten Virunga-Vulkanen verfügt Ruanda über landschaftliche Sehenswürdigkeiten ersten Ranges. Ruanda, Uganda und Zaire treffen am Gipfel des 4127 Meter hohen Muhabura zusammen, einem der Vulkane Zentralafrikas.

Mehr als 90 Prozent der Ruandesen leben von der Landwirtschaft, wobei auf zwei Drittel der Nutzfläche Subsistenzwirtschaft betrieben wird. Ende der achtziger Jahre versuchte Ruanda mit chinesischer Hilfe, einige der größeren Sumpfgebiete des Ostens für den Reisanbau zu kultivieren. In höhergelegenen Regionen und im Süden wachsen Knollenpflanzen wie Kartoffeln, Yams, Zwiebeln, Mais, Süßkartoffeln, Maniok und Sorghum. An den steilen, terrassierten Hängen werden in unterschiedlichen Höhenlagen Kaffee, Tee und Tabak für den Export angebaut.

Kaffee und Tee sind neben Zinn und Wolfram Ruandas Devisenbringer. Mit dem erfolgreichen Anbau vieler Arten von Feldfrüchten stellt die Landwirtschaft den wichtigsten Wirtschaftsfaktor dar. Insbesondere im Nordosten des Landes kommt auch der Rinderhaltung große Bedeutung zu. Am Kivu-See trifft man auf eine bescheidene Fischerei. Ruanda ist ein Binnenland, entsprechend teuer sind alle aus Mombasa und Daressalam importierten Waren.

Ruanda war in vorkolonialer Zeit eines der kulturell höchstentwickelten Hima-Reiche des Zwischenseengebietes. Der deutsche Forschungsreisende Leutnant von Goetzen war der erste Europäer, der das heutige Staatsgebiet erreichte, indem er 1884 den Akagerafluß im Südosten überquerte.

Seit 1990 wechseln sich in Ruanda Bürgerkrieg und vordergründige Ruhe ab. Ein Zehntel aller Ruandesen sind Flüchtlinge.

Somalia

Somalia ist eine dünnbesiedelte Halbinsel zwischen dem Indischen Ozean und dem Golf von Aden, die auch »Horn von Afrika« genannt wird. Ihre höchsten Erhebungen weist sie am Abbruch zum Golf von Aden und im Grenzbereich zu Äthiopien auf. Der winterliche Nordost- und der sommerliche Südwestmonsun bringen geringe Niederschläge. Die Somali-Halbinsel besteht weitgehend aus Trockensavannenvegetation, die von Nomaden als Kamel-, Schaf- und Ziegenweide genutzt wird.

Tansania

Das südlich des Äquators gelegene Land erstreckt sich vom Indischen Ozean in westlicher Richtung bis zum Tanganjikasee. Die unberührte Küste mit ihren vorgelagerten Inseln bildet einen Kontrast zum riesigen Binnenland, wo der höchste Berg Afrikas, der Kilimandscharo, mehr als 6000 Meter hoch aufragt und ausgedehnte Waldgebiete, Savannen und Sümpfe einander abwechseln. Tansania ist mehr als zweieinhalbmal so groß wie die Bundesrepublik Deutschland.

Wie fast überall in Ostafrika, arbeiten über 80 Prozent der Bevölkerung auf dem Land; der ökonomische Hauptpfeiler Tansanias ist die Landwirtschaft. Am Verkauf seiner exportfähigen Waren – Sisal, Baumwolle, Kaffee, Tee, Diamanten und Textilien – verdient das Land nur wenig. Da Dürreperioden immer wieder die Ernten vernichten und Maschinen mit hohen Kosten importiert werden müssen, leidet das Land unter chronischem Devisenmangel.

Die Republik Tansania besteht aus dem Kernland Tanganjika und der Insel Sansibar. Tanganjika wurde 1961 als erste britische Kolonie Ostafrikas in die Unabhängigkeit entlassen, Sansibar zwei Jahre später. 1964 bildeten beide Länder die Vereinigte Republik von Tansania. Offizielle Landessprache ist seit 1967 Ki-Swahili, das von etwa 90 Prozent der Bevölkerung gesprochen wird. Die Kolonialsprache Englisch wird nur noch mit Ausländern sowie teilweise als Handels- und Bildungssprache benutzt.

Die frühere tansanische Hauptstadt Daressalam ist die zweitgrößte Stadt Ostafrikas und die größte Tansanias, zudem unumstrittene Wirtschafts-, Kultur- und Verkehrsmetropole des Landes. Der Hafen verzeichnet nach dem von Mombasa den höchsten Umschlag in Ostafrika. Offizielle Hauptstadt Tansanias ist seit 1974 Dodoma. Die Stadt ist heute ein bedeutendes Zentrum der Landwirtschaft, unter anderem der Rinderzucht und des Weinanbaus.

Der ausgesprochen fischreiche Tanganjika-See ist mit einer Fläche von 32.880 Quadratkilometern der größte See des Rift Valley-Systems und der zweitgrößte Afrikas, der Victoriasee der fischreichste des ganzen Kontinents. Tansania hat den größten Anteil an diesem gewaltigen Binnenmeer.

Der tansanische Teilstaat Sansibar, bestehend aus den beiden Inseln Unguja und Pemba und wegen des Anbaus von Gewürznelken »Nelkeninseln« genannt, weist eine vom Festland abweichende wirtschaftliche Entwicklung auf. Die Ausrichtung der Ökonomie Sansibars auf den Export von Kardamom, Pfeffer, Vanille und Kopra geht auf die Araber zurück.

Mahlzeiten und Eßgewohnheiten

Bei der Kultivierung des Landes setzten sich vor allem Bohnen und Linsen als Anbaupflanzen durch; die Beliebtheit von Bohnen hat sich bis heute erhalten. Traditionelle Nahrungsmittel und Speisen sind Maisbrei, Bohnen, Maniok, Bananen und Kochbananen. In den Küstenregionen bilden tierische Erzeugnisse von Kamel, Schaf und Ziege die Hauptnahrungsmittel. Intensive Fischerei betrieb man schon in vorgeschichtlicher Zeit nicht nur an der Küste, sondern auch an den zahlreichen Seen.

In einigen Regionen, etwa in Äthiopien, ist das wichtigste Nahrungsmittel Brot: in Form von Fladen oder Laiben. Manche Speisen wie Süßkartoffeln oder Kochbananen wurden im Tauschhandel mit den Arabern eingeführt. Den Indern sind Gerichte wie *Samosa* und *Chapati* zu verdanken, die Europäer brachten Mais und Weizen mit. Maisbrei *(Ugali)* wird heute in fast allen ostafrikanischen Ländern gegessen und ist Grundlage der meisten Speisen. Ein ähnlicher Brei wird auch aus Kochbananen oder Reis zubereitet.

Gegessen wurde mit den Fingern oder mit Löffeln, die man vor und nach der Mahlzeit reinigte. Messer und Gabel als Eßbesteck waren unbekannt. Das Verhalten bei den Mahlzeiten war genau festgelegt: Zum Essen benutzt wurde beispielsweise nur die rechte Hand, und während einer Mahlzeit den Raum zu verlassen galt als unhöflich. Die Speisen wurden dem ältesten Mitglied der Familie oder dem Ehrengast zuerst serviert. Die Hausfrau bereitet immer eine größere Menge zu, als für die anwesenden Familienmitglieder reichen würde, denn der unerwartete Gast wird als Abgesandter der Götter betrachtet.

Die Häuser bestehen meist nur aus einem einzigen beheizbaren Raum, in dem die Familie lebt und alle notwendigen Hausarbeiten verrichtet werden. Dort befindet sich die offene Feuerstätte, um die man sich früher versammelte und wo man Geschichten erzählte, während die Mahlzeiten für den kommenden Tag vorbereitet wurden.

Die afrikanische Eßkultur ist eine gemeinschaftliche und damit Ausdruck der Freude des Teilens bei Ernte und Essen. So schafft beispielsweise die Art, wie in Äthiopien das Nationalgericht gegessen wird, ein Gefühl starker Verbundenheit. Familie und Gäste nehmen gleichermaßen an der Mahlzeit teil. Traditionell essen alle von einem großen runden Teller oder aus einem Korb. Da dies mit den Händen geschieht, wird vor dem Essen ein Wasserkrug mit einer Schüssel und einem Handtuch herumgereicht. Die *Injera* genannten großen Fladen werden auf flachen Tellern ausgebreitet, die auf einer Art Tisch stehen, dem sogenannten *Messob*. Die Fladen sind nicht nur Bestandteil der Mahlzeit, sondern dienen gleichzeitig als Besteck. Man reißt ein Stückchen ab und nimmt damit von den Speisen. Die Speisen, meist gewürzte Gemüse, Fleisch, Fisch- oder Eiergerichte, werden als *Wet* bezeichnet. Beim Essen mildern die Fladen und Beilagen wie Käse oder Gemüse die Schärfe des *Wet*.

Essenszeiten

Die Essenszeiten werden vom Rhythmus des Tages bestimmt. Da die Bauern auf dem Land sich nach der anfallenden Arbeit richten müssen, weist ihre Nahrung nicht jene Vielschichtigkeit auf wie in den Städten. Die traditionelle Eßkultur kennt bestimmte Zeiten, zu denen sich die gesamte Familie am Tisch versammelt und in Ruhe das Essen zu sich nimmt. Die Kinder haben der Mutter bei der Vorbereitung geholfen, haben mit ihr gekocht und lernen so den Wert einer Mahlzeit schätzen.

Die äthiopische Eßkultur kennt feste Mahlzeiten wie Frühstück und Mittagessen, wie man sie auch im deutschsprachigen Raum gewohnt ist. Bereits am Morgen nimmt man besondere Gerichte wie *Kinsche* (eine Art Couscous), *Genfo* (ein Brei aus Mehl) und *Firfir* (Rührei) zu sich. Eine Menüfolge gibt es nicht, statt dessen werden alle »Gänge« gleichzeitig serviert, und jeder bedient sich nach seinem Geschmack. Bei einem typischen äthiopischen Menü werden mindestens eine scharfe und eine milde Sauce gereicht, weiterhin Beilagen wie Gemüse und Salat. Dem Angebot sind keine Grenzen gesetzt, und je kontrastreicher die Kombinationen, desto besser.

Bei einem großen Festessen oder einer Hochzeitsfeier wird größter Wert auf die Qualität der Gerichte gelegt, gelten sie doch als Beweis des Reichtums des Gastgebers. Auf die Festtafel gehören Fleisch, Huhn, Fisch und Gemüse, die auf verschiedenerlei Weise zubereitet werden.

Aus afrikanischer Sicht ist Nahrung gleichzeitig Medizin. Die scharfen Gewürze sollen den Körper von Giftstoffen befreien und verschiedenste Energien freisetzen. Auf diesem Hintergrund entwickelten sich Rituale und Zeremonien, das Fasten und das Festen – eine umfassende Kultur der Küche.

Beim Kochen werden im allgemeinen recht einfache Mittel und Geräte benutzt. In der afrikanischen Tradition kochen die Frauen, und in vielen Familien werden Mädchen bereits früh in die jeweiligen Bräuche eingeführt. Die Frauen hüten auch das Wissen um die Heilkraft der Würzkräuter, die in der Küche seit jeher reichlich verwendet werden. Im Hausgarten bauen sie alles an, was sie in der Küche benötigen: Knoblauch, Zwiebeln, Basilikum.

Die ostafrikanische Kochkunst ist ohne Gewürze nicht vorstellbar; die meisten sind in Europa bekannt. In dieser mit raffinierten Würzmischungen arbeitenden Küche sind fast alle Rezepte mit einfachen Mitteln nachzukochen, ohne daß ihr authentischer Charakter verlorenginge. In der Regel stellt jede Köchin ihre Gewürzmischung vor oder während des Kochens zusammen. Sie kennt genau den Zeitpunkt, an dem die Gewürze zugegeben werden müssen. Der optische Eindruck spielt bei den Gerichten eine wesentliche Rolle. Für rote, scharfe Gerichte wählt

Kochen und Küchengeräte

man zum Beispiel eine milde grüne oder gelbe Beilage aus.

In Afrika kocht man selten nach Rezepten oder Mengenangaben. Die Zutatenmengen werden einfach abgeschätzt – oder es wird eine Tasse verwendet, die bei allen Rezepten als Maß dient. In diesem Buch ist die Würzung eine eher milde. Je nach Geschmack können die Mengenangaben der Gewürze erhöht oder verringert werden.

Ostafrika ist reich an Gemüsen und die vegetarische Küche ein bedeutender, eigenständiger Bereich. In vielen Gebieten hat sich die internationale Küche durchgesetzt, auf dem Land aber herrschen fast überall noch afrikanische Traditionen.

Das Kochgeschirr, meist aus gebranntem Ton, steht auf Ton-, Stein- oder eisernen Dreifüßen über dem Feuer, geheizt wird mit Holz. Zwischen Stadt und Land bestehen große Unterschiede, denn manche Dörfer verfügen noch nicht über eine Trinkwasserversorgung. Nur die wenigsten Siedlungen sind an das öffentliche Stromnetz angeschlossen, das erst den Anschluß an den Fortschritt ermöglicht, von modernen Küchengeräten über Beleuchtung bis zu Fernsehgeräten.

Jede Küche kennt bestimmte unverzichtbare Utensilien. In Ostafrika sind dies ein Schmortopf aus gebranntem Ton, eine Pfanne aus Gußeisen mit rundem Boden, ein normaler Kochtopf und ein Mörser aus Stein, Holz oder Messing.

Snacks

Snacks haben in Ostafrika schon lange ihren festen Platz im öffentlichen Leben. Überall an den Straßen und auf den Märkten, an Bahnhöfen oder Bushaltestellen werden die verschiedenartigsten kleinen Zwischenmahlzeiten angeboten. Die Imbisse bestehen aus gebratenen Hülsenfrüchten, Nüssen und anderen Früchten; das Angebot reicht von gebratenen Fleischspießchen, *Samosa* und *Chapati* bis zu Krapfen, von hartgekochten Eiern in Uganda bis zu in Fett gebratenem Weißbrot in Tansania. Besonders im Winter beliebt sind geröstete Maiskolben, die gargekocht an Straßenständen verkauft werden.

Auf Parties werden zu einem Cocktail neben getrocknetem Fleisch mit Vorliebe Chips serviert. In vielen Gegenden Äthiopiens werden Honigwaben angeboten, die noch von frischem Honig triefen. In der traditionellen ostafrikanischen Küche ist es nicht üblich, Vorspeisen, Salate oder Desserts vorzubereiten, dabei gelten Suppen meist nicht als Vorspeisen; sie werden mit Beilage als vollständige Mahlzeiten verstanden.

Getränke

Tee

Tee hat in Ostafrika eine lange Tradition. Er ist von ausgezeichneter Qualität und wird meist mit Milch serviert. In Äthiopien bereitet man schwarzen Tee zu, indem man in einer Teekanne Wasser zum Kochen bringt, eine Zimtstange sowie zwei bis drei Gewürznelken beifügt und alles 10 Minuten kocht. Zuletzt werden die Teeblätter zugegeben und kurz mitgekocht. Die Kanne wird vom Feuer genommen, und der Tee zieht, bevor er abgeseiht und serviert wird.

Kaffee

Überall in Ostafrika trifft man auf Kaffee, der in exzellenten Sorten angebaut wird. Seine ursprüngliche Heimat liegt in der äthiopischen Provinz Kaffa. Im 14. Jahrhundert gelangte er von dort in den Jemen, wo er seinen arabischen Namen *Qahweh* erhielt. Viele Jahrhunderte lang wurde Kaffee nicht getrunken, die Beeren wurden entweder gekaut oder aber zerquetscht und mit Butter vermengt gegessen. Erst im 13. Jahrhundert ging man dazu über, ein heißes Getränk aus den gerösteten Bohnen herzustellen. Heute ist Kaffee eines der beliebtesten Getränke der Welt.

Ein traditionelles äthiopisches Essen findet erst durch eine aufwendige Kaffeezeremonie seinen Abschluß. Dazu röstet man die Kaffeebohnen gleichmäßig in einer Pfanne über dem offenen Feuer, bis sie eine dunklere Farbe annehmen, fügt etwas Kardamom sowie zwei bis drei Nelken hinzu, um sie kurz mitzurösten. Die Mischung wird mit einem Stößel in einem Mörser aus Holz zerrieben und in eine Tonkanne mit kochendem Wasser gegeben. Das Wasser schäumt, darf aber nicht überschäumen. Sobald der Schaum zurückgeht, ist der Kaffee fertig. Die Kanne wird vom Feuer genommen und mit Salz oder Zucker serviert. Nach äthiopischer Art wird die Kanne geleert, wiederum mit Wasser gefüllt und zum Kochen gebracht – bis zu dreimal.

Alkohol

Alkoholische Getränke werden in allen ostafrikanischen Staaten gebraut, in erster Linie Bier aus Hirse, Gerste, Mais, Weizen, Hopfen, Bananen oder anderen Früchten. Das dem Bier ähnliche *Tella* wird aus Waldhopfen, Weizen, Gerste oder Teff zubereitet. Bier ist in fast jedem Ort erhältlich.

Wein wird hauptsächlich im tansanischen Dodoma angebaut. Kenias Weinbau beschränkt sich auf die Umgebung von Naivasha. Üblich sind Papaya-, Mango- und Pflaumenweine, an der Küste gelegentlich auch Palmwein. Auch Äthiopien liefert traditionell Wein, seine Anbaugebiete liegen vor allem im Woina-Hochland. Bekannte Sorten sind Guder, Dukem und Awash Kristall.

Met oder Honigwein ist seit Urzeiten in Ostafrika bekannt. Früher war er dem Herrscher und seinen Gästen vorbehalten, heutzutage genießen ihn alle Bevölkerungsschichten. Met ist ein unverzichtbares Getränk bei festlichen Anlässen, wobei die schwächere, *Berz* genannte Variante vorrangig von Frauen getrunken wird. In vielen Häusern wurde er selbst zubereitet; mehr als ein Jahr gärt er, unter Zusatz von Hopfen, in gut verschlossenen Fässern. Met wird ebenso aus Kaffee, Orangen, Bananen oder Ingwer hergestellt. *Tej* ist ein Honigwein, der aus Waben gewonnen wird.

Schnaps wird bis heute in vielen Häusern auf dem Land gebrannt. Ostafrikaner trinken ihn traditionell zu Neujahr, Weihnachten und Ostern, »sonst wird einem die Haut zu eng«. Das Schnapsbrennen, das Erfahrung und Umsicht erfordert, war und ist Frauensache. In Uganda wird *Waragi* hergestellt, in Kenia *Kenia Cane*, ein Zuckerrohrschnaps.

Befindet man sich in Gesellschaft, kauft man sein Getränk nicht separat, sondern lädt die anderen ein.

Katikala oder *Arake* ist ein hochprozentiger äthiopischer Wodka, der aus Teff, Gerste oder Weizen sowie Kaffee, Honig, Zitronen oder Pflaumen destilliert wird. *Kosso Arake,* der aus den Blüten des Kosso-Baumes *(Hagenia abyssinica)* gewonnen wird, gilt als Heilmittel.

Säfte

In vielen Teilen Ostafrikas werden frischgepreßte Fruchtsäfte ebenso angeboten wie die üblichen internationalen Erfrischungsgetränke. In Äthiopien sind während der Fastenzeit Säfte aus Sonnenblumenkernen, Leinsamen und Sesamkörnern beliebt.

Kochen ist eine Kunst, und jeder Koch sollte neben einem Rezept auch seine Phantasie benutzen. Bei den Rezepten dieses Buches spielt es keine große Rolle, ob ein Teelöffel gehäuft, gestrichen oder knapp voll ist, das Verhältnis der Gewürze untereinander sollte aber ungefähr gleich bleiben. Wenn auch vielfach die gleichen Zutaten benötigt werden, bedeutet das nicht, daß die Gerichte eintönig werden.

Die in den Rezepten genannten Zutaten gelten, wenn nicht anders angegeben, für vier Personen.

Die Arbeitsabläufe während der Zubereitung erleichtert man sich, indem man alle Zutaten bereits fertig neben dem Herd stehen hat. Da die meisten Gerichte geröstet oder geschmort werden, bleibt während des Kochens wenig Zeit, noch Vorbereitungen zu treffen. Sinnvoll ist die Verwendung von fertigen Gewürzmischungen, die lange gelagert werden können.

Fast alle in diesem Buch angegebenen Zutaten sind in jedem größeren Reformhaus oder Supermarkt erhältlich. Falls einige nicht zu bekommen sein sollten, hilft oft ein gutes Feinkostgeschäft weiter.

Gewürze und Zutaten

Bockshornkleesamen

Bockshornkleesamen oder *Abisch* werden zum Backen von Brot und für Kaffee verwendet. Sie riechen aromatisch, schmecken jedoch bitter und entwickeln ihren Wohlgeschmack erst nach kurzem Rösten. Bockshornkleesamen sind ganz oder als Pulver verwendbar und haben ein eigentümliches, scharfes Aroma, wirken appetitanregend und kräftigend. Sie finden oft in Gewürzmischungen Verwendung.

Chili

Chilis sind kleine, rote Paprikaschoten, die vorwiegend in Indonesien und Südamerika angebaut werden. In Afrika liegen die Anbaugebiete in Äthiopien, Uganda, Tansania und Nigeria. Die schärfsten Sorten sind *Tabasko Chilies* und *Chilies Pequins,* deren Schoten kleiner als drei Zentimeter sind. Grundsätzlich gilt, je kleiner die Schote, desto schärfer – und für europäische Gaumen fast unverträglich – der Geschmack. Um die Schärfe zu mindern, empfiehlt es sich, vor der Verwendung getrockneter Schoten die Samen zu entfernen.

Curry

Curry ist nicht, wie oft angenommen, ein einzelnes Gewürz, sondern eine Mischung aus wenigstens einem halben Dutzend, manchmal sogar mehr als 30 Gewürzen. Die häufigsten Bestandteile sind Koriander, Kreuzkümmel, Pfeffer, Gewürznelken, Fenchelsamen und Zimt.

Gewürznelken

Nelken sind die getrockneten Blütenknospen des immergrünen Gewürznelkenbaums. Sie haben einen scharfen, brennenden Geschmack und einen aromatischen Geruch. Nelken kommen meist ganz, aber auch in gemahlener Form in den Handel. Wegen ihres intensiven Geschmacks sollten sie nur in kleinen Mengen eingesetzt werden. Ihre wichtigste Aufgabe besteht darin, den Geschmack der anderen Gewürze zu verstärken.

Am Mörser wird in langwieriger Arbeit grüner Pfeffer mit dem Stampfer pulverisiert (Dire Dawa, Äthiopien).

Wichtige Bestandteile der ostafrikanischen Küche: Lauch, Zitronen, Zimtstangen, Kardamom, Knoblauch, Ingwer, Zwiebeln. In der Mitte in den Schälchen (von links) Ingwerpulver, Chili, Pfefferkorn, Nelken, Schwarzkümmel, Bockshornkleesamen und Kardamompulver.

Größere Schalen oben, von links: Gelbe Erbsen, Kichererbsen, Linsen.
Kleinere Schalen, mittlere Reihe: Bohnen, Leinsamen, Schwarze Senfkörner, Sesamsamen.
Größere Schalen unten: Sonnenblumenkerne, Rote Linsen, Weiße Erbsen.

Die äthiopische Küche nutzt Nelken nicht nur für Fleisch- und Gemüsegerichte, sondern ihrer gesundheitsfördernden Wirkung wegen auch in Tee oder Kaffee. Gewürznelken sind ein uraltes Handelsprodukt; die Inseln Sansibar und Pemba sind berühmt für ihren Anbau wie auch den anderer Gewürze.

Grünkohl besitzt den höchsten Kohlenhydrat- und Eiweißgehalt aller Kohlarten sowie zahlreiche Vitamine. Er existiert in verschiedenen Varianten, die in Struktur, Form, Farbe und Kräuselung der Blätter auffallend unterschiedlich sind, sich geschmacklich jedoch kaum unterscheiden.

Hirse war schon in vorgeschichtlicher Zeit weit verbreitet und wird heute vorwiegend in Afrika, China und Indien angebaut, als Nahrungsmittel und Futterpflanze. Das Mehl wird in erster Linie zu Brei oder Klößen verarbeitet.

Ingwer ist die Wurzelknolle einer asiatischen Staudenpflanze, die heute auch in Nigeria und Sierra Leone kultiviert wird. Die Wurzelstücke werden geschält, getrocknet und eventuell gemahlen. Suppen, Fleischgerichten und Gemüsen wird Ingwer meist frisch beigegeben. In manchen Teilen Afrikas verwendet man ihn auch als Zusatz in Tee und anderen Getränken. Ingwer hat einen strengen, aromatischen Geruch und schmeckt scharf-brennend. Getrocknete Wurzeln eignen sich nicht für die Küche; ist keine frische zur Hand, verwendet man am besten Pulver.

Kardamom In den Kapselfrüchten des südasiatischen Kardamomstrauches sitzen kleine braune Samenkörner, die ein ätherisches Öl enthalten. Die Körner werden zu einem rötlich-grauen Pulver gemahlen. In Äthiopien wird Kardamom meist als ganze Frucht gekauft, die Samen werden vor Gebrauch entnommen. Kardamom ist eines der feinsten Gewürze und hat einen charakteristischen, aromatischen Geruch, sein Geschmack ist süßlich, kräftig, würzig und ein wenig brennend. Kardamom wird für Fleisch, Gemüsegerichte sowie Kaffee verwendet und ist Bestandteil einer Currymischung.

Kichererbsen

Kichererbsen sind eine Hülsenfrucht des Mittelmeerraums, die auch in Äthiopien angebaut wird. Die gelblichen, kantigen Samenkörner werden gekocht, geröstet oder zu Mehl gemahlen; zum Kaffee werden sie gerne geknabbert. Kichererbsenmehl ist in Reformhäusern erhältlich.

Knoblauch

Die aus der Kirgisensteppe stammende Lauchart besitzt eine enorme Würzkraft. Das Fleisch der zehn bis zwölf Zehen, die sich in der weißlichen Zwiebel drängen, enthält ein ätherisches, schwefelhaltiges Öl, das für Geschmack und Geruch verantwortlich ist. Knoblauch ist ein Grundbestandteil fast jeden ostafrikanischen Gerichts, das den Eigengeschmack der Speisen erheblich zu steigern vermag. Wer nur schwach würzen will, gibt die gehäutete Zehe als Ganze zur Speise und nimmt sie vor dem Servieren wieder heraus.

Obwohl Knoblauch der Gesundheit überaus zuträglich ist – er sorgt unter anderem für eine Regulierung des Blutdrucks –, meiden ihn viele Menschen wegen seines ausgeprägten Aromas. Ein Glas Milch nach der Mahlzeit nimmt den starken Geschmack. Um den Geruch an den Händen zu beseitigen, reibt man sie vor dem Waschen mit Zitronensaft oder etwas angefeuchtetem Salz ein.

Kochbanane

Die 30 bis 40 Zentimeter langen, grünen Früchte werden unreif geerntet und nicht roh verzehrt. Sie werden wie Kartoffeln gekocht oder gebraten und sind auch Grundzutat bei der Herstellung von Bier. Kochbananen schält man am besten unter laufendem Wasser, um klebrige Hände zu vermeiden. Sie werden in Stücke oder Streifen geschnitten, mit kaltem Wasser gut gewaschen und in leicht gesalzenem Wasser gar gekocht, bis sie weich sind.

Kokosnuß

Kokosnüsse sind die Früchte der Kokospalme, die vorwiegend in Asien kultiviert wird. Je mehr Milch eine Kokosnuß enthält, um so frischer ist sie, deshalb sollte man sie beim Kauf schütteln. Sticht man zwei der drei »Augen« durch, so läuft die Flüssigkeit heraus. Die harte Außenschale schlägt man am besten mit dem Hammer auf oder – soll sie sich in zwei Hälften teilen – verwendet eine Holzsäge.

Kokosfleisch und -milch sind Grundlage vieler kulinarischer Besonderheiten. Das Fleisch wird geraspelt, in eine Schüssel gegeben und mit heißem Wasser übergossen. Nach dem Abkühlen preßt man die Flüssigkeit heraus. Das Ergebnis dieser sogenannten ersten Pressung ist dicke Kokosnußmilch. Die zweite Pressung liefert die weniger aromatische dünne Kokosnußmilch. Sie wird nach dem Aufkochen der dicken Milch zum Gericht gegeben. Statt einer frischen Kokosnuß können auch getrocknete Kokosraspel und konservierte Kokosmilch bzw. -pulver verwendet werden.

Kokosnußcreme ist der beste Ersatz für eine frische Kokosnuß. Gewinnt man die Kokosnußmilch aus Kokosnußcreme, löst man die Creme in der Regel in der doppelten Menge heißem Wasser auf.

Koriander

Koriander gehört wie Anis und Fenchel zur Familie der Doldengewächse. Er hat hellbraune, pfefferkornähnliche, hohle Früchte, weiße Blüten und wird 15 bis 20 Zentimeter hoch. Verwertung finden Blätter und Samen, unzerkleinert oder gemahlen. Koriander wird meist in Mischungen oder zum Würzen von Brot verwendet. Der Geruch der getrockneten Körner ist angenehm aromatisch.

Kreuzkümmel

Kumin oder Kreuzkümmel ist ein aus Turkestan stammendes Kraut, das Kümmel ähnelt. Als Gewürz dienen die Samen der einjährigen Pflanze, die etwa 30 Zentimeter hoch wird. Kreuzkümmel ist von durchdringendem, bitterscharfem Geschmack und duftet nach Kampfer.

Solange man mit ihm nicht allzu vertraut ist, sollte er nicht in zu großen Mengen benutzt werden. Die Samen werden, ganz oder gemahlen, in Suppen und Eintöpfen, in Fleisch- und Fischgerichten verwendet und sind wichtiger Bestandteil einer Curry-Würzmischung. Das Kauen gerösteter Kreuzkümmelsamen nimmt nach einer Mahlzeit mit reichlich Knoblauch dessen Geruch.

Kurkuma

Kurkuma oder Gelbwurz gehört zur Familie der Ingwergewächse und stammt aus Südostasien. Seine knollenartigen Wurzeln bestehen aus orangefarbigem Fleisch, schmecken leicht bitter und brennend. Kurkuma wird aus den Seitentrieben des Wurzelstocks gewonnen und ist wesentlicher Bestandteil des Currypulvers, dem es seine gelbe Farbe verleiht. Kurkuma wird oft statt Safran verwendet; mit ihm sollte sparsam gewürzt werden, da zu große Mengen den Speisen einen unangenehm bitteren Geschmack verleihen. In der ostafrikanischen Küche wird Kurkuma meist für milde Saucen verwendet.

Mais

Ein typisch afrikanisches Bild zeigt Frauen oder Kinder, die in großen Mörsern Getreide stampfen. Meistens handelt es sich bei dem Getreide, das da so mühevoll bearbeitet wird, um Mais, dessen Mehl die Grundzutat vieler ostafrikanischer Gerichte bildet.

In Europa gibt es Maismehl – man kann aber auch grobkörnige Polenta verwenden – in Kaufhäusern oder Afrikaläden zu kaufen. Maismehl läßt sich selbst herstellen, indem man getrocknete oder entwässerte Maiskörner in einer Küchenmaschine fein mahlt.

Maniok

Maniok, auch *Cassava* genannt, ist eine längliche, mehrere Kilogramm schwere Wurzelknolle. Sie ist reich an Stärke und hat eine rauhe bis glatte dunkelbraune Haut. Trotz seines geringen Nährwerts – Maniok enthält fast ausschließlich Kohlenhydrate – ist er ein wichtiges Nahrungsmittel in Ostafrika. Maniok muß sorgfältig geschält und durchgegart werden, da die Schale mancher Sorten geringe Anteile Blausäure enthält, die sich beim Kochen neutralisiert. Maniokblätter lassen sich als Gemüse essen. Da die Knollen nicht lagerfähig sind, wird der Großteil der Ernte zu Stärkemehl verarbeitet und kommt als Tapioka in den Handel.

Schwarzer Pfeffer *(Piper nigrum)* sind die grünen, unreifen Beeren des immergrünen Pfefferstrauches, die durch Trocknen und Fermentieren schwarz und runzlig werden. Das in Afrika wichtigste Gewürz wird nicht nur für die verschiedenartigsten Gerichte verwendet, sondern dient auch als Medikament: Pfeffer vertreibt Bakterien und senkt das Fieber. Die Schoten werden oft im Hausgarten angebaut und in größeren Mengen frisch verwendet.

Pfeffer, schwarz

Die Mehrzahl der äthiopischen Gerichte ist scharf, insbesondere das Nationalgericht *Injera* mit *Wet* in all seinen unterschiedlichen Formen. Dafür verantwortlich sind gemahlene Peperonischoten, die bei manchen Gerichten tatsächlich löffelweise über das Essen gestreut werden. Für Europäer sind scharfe Gerichte dieser Art nicht verträglich, daher sind die in den Rezepten dieses Buches angegebenen Mengen meist um die Hälfte reduziert. Auf roten Pfeffer sollte man jedoch nie ganz verzichten, nicht nur, weil ein typisches Geschmacksmerkmal fehlen würde, sondern auch der Gesundheit wegen: Er ist wie Paprika ein Vitamin-C-Träger. Frischer roter Pfeffer ist schwer zu bekommen, aber frische, scharfe Paprikaschoten oder Chilies bilden einen guten Ersatz. Er existiert in vielen Varianten: vom süßlich schmeckenden roten Pfeffer über den schärferen grünen bis hin zum extrem scharfen *Serrano* aus dem Hochland.

Pfeffer, rot

Schwarzkümmel ist der kleine, tropfenförmige Samen der Hahnenfußgewächsart *Nigella indica*, von schwarzer Farbe und ansprechendem, erdi-

Schwarzkümmel

gem Geschmack. Er ist meist im Ganzen erhältlich und wird unzerkleinert beim Brotbacken sowie in gemahlener Form für Fleisch und Hülsenfrüchte verwendet.

Senf

Senf ist die Frucht der Senfpflanze, aus deren Blüten die länglichen Schoten mit den kleinen, dunkelbraunen Körnern heranreifen. Schwarzer Senf ist wesentlich schärfer als weißer und überaus gesund: Er steigert die Durchblutung des Körpers und fördert die Verdauung. In der äthiopischen Küche werden die Samen selbst gemahlen. Getrocknetes Senfpulver hat kein Aroma und entfaltet erst in der Verbindung mit Wasser seinen scharf-brennenden Geschmack.

Sorghum

Sorghum ist eine tropische Getreideart, die in Afrika und in Asien eine wichtige Rolle für die menschliche Ernährung spielt. Aus Sorghum-Mehl oder -Grieß werden Breie gekocht oder Fladenbrote gebacken, ein großer Teil der Ernte dient zudem der Bierbereitung. Die USA als größter Produzent nutzen Sorghum ausschließlich als Futtergetreide.

Süßkartoffel

Süßkartoffeln oder Bataten erfreuen sich seit einigen Jahren in Afrika zunehmender Popularität. Zwei Hauptsorten werden unterschieden: Die eine hat eine gelbliche Schale und gelbliches Fruchtfleisch, die andere eine rötliche Schale und ein weißes Inneres. Die zweite Sorte ist mittlerweile auch in Europa erhältlich. Die Zubereitung von Süßkartoffeln ist identisch mit der von Kartoffeln. Es ist ratsam, die Süßkartoffeln in der Schale zu garen; die wertvollen Nährstoffe bleiben auf diese Weise besser erhalten.

Teff

Teff ist eine Hirseart, die nur in Äthiopien zu Nahrungszwecken angebaut wird. Sie wächst im Hochland, hat einen kurzen, dünnen Halm und winzige Samenkörner. Teffmehl ist Grundlage für *Injera* und Bestandteil jeder Hauptmahlzeit. In Europa ist das Grasgetreide unbekannt, es läßt sich jedoch durch Weizen-, Mais- oder Gerstenmehl ersetzen.

Ugali *Ugali* ist ein Brei aus Mais- oder Weizenmehl und in Tansania ein Grundnahrungsmittel. Jede Hausfrau hat ihre besonderen Tricks für seine Zubereitung. Die eine gibt die Mischung aus Mehl und Milch in kochendes Wasser, eine andere rührt das Mehl in kaltes Wasser ein und verrührt es mit einem Holzlöffel zu einem festen Brei. In Äthiopien besteht *Ugali* aus Gerste-, Weizen- oder Hafermehl und wird als *Genfo* bezeichnet. Der fertige Brei wird aus dem Topf genommen und auf einem Teller, der in der Mitte des Tisches steht, zu einer Halbkugel geformt. Jeder nimmt sich ein kleines Stück, formt mit den Fingern eine Kugel und drückt eine Mulde hinein, mit der er Sauce, Fleisch oder Gemüse aufnehmen kann.

Weinraute Die Weinraute ist eine 60 Zentimeter hohe Gewürzpflanze, deren gefiederte Blätter aromatisch-herb schmecken und stark riechen. Mit ihren leicht bläulich-grünen Blättern und den exotisch anmutenden gelben Blüten wird sie gerne in Gärten angebaut. Weinraute wirkt appetitanregend und wird frisch für Tee und Joghurt, getrocknet für Gewürzmischungen verwendet.

Yams Yams enthalten neben Kohlenhydraten eine Reihe von Vitaminen und wichtige Spurenelemente. Sie sind daher für die tägliche Ernährung wertvoller als die nährstoffarmen Maniokwurzeln. Das Fleisch der bis zu ein Meter langen Wurzelknollen kann eine weiße, gelbe oder rötliche Farbe haben und zuweilen sehr faserig sein. Gelbe Yams eignen sich gut als Ersatz für Salzkartoffeln. Sie werden geschält, in fingerdicke Scheiben geschnitten und in leicht gesalzenem Wasser gekocht; die Scheiben können auch in wenig Öl gebraten werden.

Zimt Der seit Jahrtausenden als Gewürz begehrte Zimt wird aus der Innenrinde des Zimtbaumes gewonnen. Die dünnen Rinden werden zu Stangen von bis zu einem Meter Länge zusammengesteckt. Sie rollen sich beim Trocknen zusammen und werden in zehn Zentimeter lange Stücke geschnitten. Das ätherische Zimtöl gibt dem Gewürz seine feinaromatische Wirkung. Zimt kommt in Stangenform oder pulverisiert in den Handel. Er wird in pikanten wie süßen Gerichten verwendet.

Zwiebel

Das vielseitigste Küchengewürz – und oft auch ein überaus pikantes Gemüse – ist fraglos die Zwiebel. Zurückhaltung bei ihrem Einsatz kennt man in Äthiopien nicht. Zwiebeln eignen sich für fast alle Gerichte und zählen zu den Gemüsesorten, deren Geschmack hier anders zu sein scheint als irgendwo sonst auf der Welt. In Äthiopien werden Zwiebeln ohne Öl oder Butter gebräunt; wenn es nötig ist, wird etwas Wasser zugegossen.

Übrigens: Gegen Zwiebelgeruch an den Händen hilft etwas Essig oder Zitronensaft; nach kurzem Einwirken wäscht man die Hände unter klarem Wasser ab.

Typische Zutaten

Wer häufig ostafrikanische Gerichte zubereiten will, kann die grundlegenden Bestandteile selbst herstellen. Kocht man nur ab und zu, sollte man sich diese Arbeit sparen und die handelsüblichen verwenden.

◆ Peperoni halbieren, entkernen und grob mahlen. Knoblauch, Ingwer, Weinraute und Basilikum hacken. Mit den Schalotten und etwas Wasser unter die Peperoni mischen. Die Mischung zwei bis drei Tage ruhen lassen. Anschließend in der Sonne oder im Backofen trocknen.
In einer Pfanne die übrigen Zutaten kurz rösten. Mit der Peperoni-Mischung vermengen und zu Pulver mahlen.

Die rote Pfeffermischung kann in den Rezepten durch handelsübliches rotes Chili- oder rosenscharfes Paprikapulver ersetzt werden.

Rote Pfeffermischung
Berbere

2-3 Tage ruhen lassen

5 kg getrocknete rote Peperoni
$1^1/_2$ kg Knoblauchzehen
$1^1/_2$ kg Ingwerwurzeln
250 g Weinraute
$1/_2$ Tasse Basilikum
1 Tasse gehackte rote Schalotten
$1/_4$ Tasse Kardamompulver
eventuell $1/_2$ Tasse Bischofskraut
$1/_4$ Tasse Schwarzkümmel
$1/_4$ Tasse gemahlener Zimt
1 Tasse Salz

◆ Die Peperoni halbieren, entkernen, waschen und trocknen. Knoblauch, Ingwer, Weinraute und Basilikum hacken. Mit den Schalotten und $1/_8$ l Wein unter die Peperoni mischen. Die Mischung zugedeckt zwei Tage ruhen lassen. Anschließend in der Sonne oder im Backofen trocknen.
In einer Pfanne die übrigen Zutaten kurz rösten. Mit der Peperoni-Mischung vermengen und zu Pulver mahlen. Nach Belieben mit Rotwein zu einer Paste verrühren.
An einem trockenen Ort aufbewahren.

Rote Pfefferpaste
Awaze

2 Tage ruhen lassen

5 kg rote Peperoni
$1^1/_2$ kg Knoblauchzehen
$1^1/_2$ kg Ingwerwurzeln
250 g Weinraute
$1/_2$ Tasse Basilikum
1 Tasse gehackte rote Schalotten
$1/_4$ Tasse gemahlener Zimt
$1/_4$ Tasse Gewürznelken
$1/_4$ Tasse Kardamompulver
$1/_4$ Tasse Thymian
1 Tasse Salz
Rotwein, Met oder Wasser

Gewürzbutter
Niter Qibe

3 kg Butter
1 rote Schalotte
5 Knoblauchzehen
1 Stück Ingwerwurzel
eventuell 1 TL Bischofskraut
1/2 TL Schwarzkümmel
1 TL Kardamompulver
3 TL gehacktes Basilikum
1/2 TL Kurkuma

◆ Schalotte, Knoblauch und Ingwer hacken. In einer Pfanne Bischofskraut, Kümmel und Kardamom kurz erhitzen. Mit Schalotte, Knoblauch, Ingwer und Basilikum vermischen, grob mahlen. Die Butter bei schwacher Hitze langsam und unter ständigem Rühren zerlassen. Alle Gewürze hineinstreuen, gut erhitzen und durch ein feines Sieb streichen. Abkühlen lassen.
Im Kühlschrank aufbewahren.

Erbsenmehl
Mitin Shiro

am Vortag beginnen

11 Tassen Erbsen
2 Tassen getrocknete rote
   Peperoni
1/2 Tasse Knoblauchzehen
1/2 Tasse Ingwerwurzeln
1/2 Tasse Weinraute
1/2 Tasse Basilikum
1 Tasse gehackte rote
   Schalotten
1-2 Tassen Rotwein, Met
   oder Wasser
1 1/2 EL Bockshornkleesamen
1 EL Kardamompulver
eventuell 1 EL Bischofskraut
1 EL gehackte
   Korianderblätter
1 TL Gewürznelken
1 TL gemahlener Zimt

◆ Peperoni, Knoblauch, Ingwer, Weinraute und Basilikum grob mahlen, mit Schalotten und Wein vermengen. Die Mischung über Nacht auf einem Tuch trocknen – eventuell im Backofen.
Am nächsten Tag die Erbsen waschen, für etwa 4 Minuten in kochendes Wasser geben, abtropfen und kurz trocknen lassen. In einer Pfanne anrösten und grob hacken.
In der Pfanne die übrigen Zutaten und Salz kurz rösten. Mit den Erbsen sowie der Peperoni-Mischung vermengen und zu Pulver mahlen.

Da sich das Mehl bei trockener Lagerung jahrelang hält, lohnt es sich, eine größere Menge zuzubereiten. Erbsenmehl ist allerdings, fertig zubereitet, auch in Reformhäusern erhältlich.

◆ Die Erbsen waschen, für etwa 4 Minuten in kochendes Wasser geben, abtropfen und kurz trocknen lassen. In einer Pfanne anrösten und grob hacken.
Knoblauch, Ingwer und Basilikum hacken, in der heißen Pfanne rösten. Mit den Erbsen und den übrigen Gewürzen vermengen, zu Pulver mahlen. Trocken aufbewahren.
Eignet sich nicht nur für Suppen und Saucen, sondern auch zum Eindicken von Fleischgerichten.

Variante:
Die Erbsenmenge auf 6 Tassen reduzieren, statt dessen je 2½ Tassen Bohnen und Kichererbsen verwenden.

Mildes Erbsenmehl
Nech Shiro

11 Tassen Erbsen
10 Knoblauchzehen
½ Tasse Ingwerwurzeln
½ Tasse Basilikum
½ Tasse gehackte rote Schalotten
1 EL Kardamompulver
1 EL Bockshornkleesamen
1 EL Thymian
2 TL Bohnenkraut
eventuell 2 TL Bischofskraut
Salz

Hülsenfrüchtemehl besonderer Art

am Vortag beginnen

6 Tassen Erbsen
2 1/2 Tassen Kichererbsen
2 1/2 Tassen Bohnen
2 Tassen getrocknete rote
　Peperoni
1/2 Tasse Knoblauchzehen
1/2 Tasse Ingwerwurzeln
1/2 Tasse Weinraute
1/2 Tasse Basilikum
1 Tasse gehackte rote
　Schalotten
1-2 Tassen Rotwein, Met
　oder Wasser
1 1/2 EL Bockshornkleesamen
1 EL Kardamompulver
eventuell 1 EL Bischofskraut
1 EL gehackte
　Korianderblätter
1 TL Gewürznelken
1 TL gemahlener Zimt

Auch dieses Mehl hält sich bei trockener Lagerung jahrelang, daher lohnt es sich, eine größere Menge zuzubereiten.

◆ Peperoni, Knoblauch, Ingwer, Weinraute und Basilikum grob mahlen, mit Schalotten und Wein vermengen. Die Mischung über Nacht auf einem Tuch trocknen – eventuell im Backofen.
Am nächsten Tag die Hülsenfrüchte getrennt waschen, für etwa 4 Minuten in kochendes Wasser geben, abtropfen und kurz trocknen lassen. In einer Pfanne anrösten und grob hacken.
In einer Pfanne die übrigen Zutaten und Salz kurz rösten. Mit den Hülsenfrüchten und der Peperoni-Mischung vermengen, zu Pulver mahlen.

Currypulver

1 EL gehackte
　Korianderblätter
1 EL Kurkuma
1 EL Kardamomsamen
1 TL Gewürznelken
1 Zimtstange
1 TL schwarze Pfefferkörner
1 TL Kreuzkümmel
1/4 geriebene Muskatnuß
1/2 TL Schwarzkümmel

◆ In einer kleinen fettfreien Pfanne die Gewürze bei mittlerer Hitze rösten. Abkühlen lassen, im Mörser zerstoßen oder mahlen – oder in ein Glas füllen und nach Bedarf mahlen.

Fladenbrote

Fladenbrote oder Injera sind feuchte, gesäuerte Brote, die in Ostafrika einen Durchmesser von 50 bis 70 Zentimetern und eine Dicke von einem Zentimeter haben. Sie werden aus Teff, Weizen, Hirse, Mais, Gerste, Sorghum oder einer Mischung von zwei oder drei Getreidesorten hergestellt.

Äthiopisches Fladenbrot
Teff Injera

2-3 Tage ruhen lassen
für 3-4 Personen

500 g Teffmehl
1 Hefewürfel

Teff Injera läßt sich zwei bis drei Tage aufbewahren und wird in Äthiopien entsprechend alle drei Tage zubereitet.

◆ Das Mehl in eine Schüssel sieben und mit 5 Tassen Wasser zu einem glatten, dickflüssigen Teig verrühren – eventuell entstehende Klümpchen zerdrücken. In einer großen Schüssel die Hefe mit etwas Wasser anrühren und den Teig zugeben. Zugedeckt zwei bis drei Tage gehen lassen, bis der Teig gegoren ist. Dabei Wasser, das sich an der Oberfläche sammelt, vorsichtig abgießen.
Nach zwei bis drei Tagen $1/2$ Tasse Teig mit 1 Tasse siedendem Wasser verrühren. Bei mittlerer Hitze unter ständigem Rühren aufkochen und eindicken lassen. Abkühlen lassen, zurück in den Teig geben und mit kaltem Wasser verdünnen. Die Schüssel abdecken und den Teig 10 bis 20 Minuten aufgehen lassen.
Eine Pfanne stark erhitzen und den Teig von einer Schöpfkelle spiralförmig von außen nach innen hineinfließen lassen – er zerläuft zu einer gleichmäßigen Schicht. Zugedeckt 2 bis 4 Minuten garen, bis der Fladen sich vom Pfannenrand zu lösen beginnt und mühelos herausgenommen werden kann.

Variante:
Teff durch Weizen-, Mais- oder Gerstenmehl ersetzen.

Maisfladen
Yemashila Injera
(Äthiopien)

für 3-4 Personen

500 g Maismehl
1 Hefewürfel

◆ Das Mehl in eine Schüssel sieben und mit etwa 4 Tassen Wasser zu einem glatten, dickflüssigen Teig verrühren. Die Hefe gut untermischen, so daß keine Klümpchen entstehen. Mit einem Tuch bedecken und an einem warmen Ort etwa 30 Minuten gehen lassen.
Eine Pfanne stark erhitzen und den Teig von einer Schöpfkelle spiralförmig von außen nach innen hineinfließen lassen – er zerläuft zu einer gleichmäßigen Schicht. Zugedeckt 2 bis 4 Minuten garen, bis der Fladen sich vom Pfannenrand zu lösen beginnt und mühelos herausgenommen werden kann.
Maisfladen lassen sich einige Tage aufbewahren.

Variante:
Das Mais- durch Sorghum-Mehl ersetzen.

Weizenmischfladen
Yesinde Dibilek Injera
(Äthiopien)

für 3-4 Personen

350 g Weizenmehl
150 g Hirse oder
   Sorghum-Mehl
1 Hefewürfel

◆ Das Mehl in eine Schüssel sieben und mit etwa 4 Tassen Wasser zu einem glatten, dickflüssigen Teig verrühren. Die Hefe gut untermischen, so daß keine Klümpchen entstehen. Mit einem Tuch bedecken und an einem warmen Ort etwa 30 Minuten gehen lassen.
Eine Pfanne stark erhitzen und den Teig von einer Schöpfkelle spiralförmig von außen nach innen hineinfließen lassen – er zerläuft zu einer gleichmäßigen Schicht. Zugedeckt 2 bis 4 Minuten garen, bis der Fladen sich vom Pfannenrand zu lösen beginnt und mühelos herausgenommen werden kann.

Fladenbrote
Qitta (Äthiopien)

für 8 Stück

4 Tassen Weizen-, Mais oder Gerstenmehl

◆ In einer Schüssel Mehl, eine Prise Salz und Wasser miteinander vermischen und zu einem Teig kneten, bis er sich vom Boden der Schüssel löst. Eine schwere gußeiserne Pfanne erwärmen und den Teig mit der feuchten Hand $1/2$ cm dick darin ausstreichen. Den Teig mit den Fingerspitzen eindrücken und von beiden Seiten goldbraun backen – die Pfanne darf nicht zu heiß werden.

Kichererbsenlaibchen
Yeshimbra Kufta (Äthiopien)

am Vortag beginnen
für 16 Stück

$1 1/2$ Tassen Weizenmehl
$1/2$ Hefewürfel
1 Tasse Kichererbsenmehl
1 EL Öl

◆ Das Weizenmehl in eine Schüssel sieben und mit kaltem Wasser zu einem feuchten Teig verrühren. Die Hefe gut untermischen, so daß keine Klümpchen entstehen. Mit einem Tuch bedecken und an einem warmen Ort über Nacht gehen lassen.
Am nächsten Tag mit Kichererbsenmehl und lauwarmem Wasser zu einem glatten, dickflüssigen Teig verrühren. Mit einem Tuch bedecken und erneut an einem warmen Ort gehen lassen, bis die Teigoberfläche Risse aufweist.
Eine Pfanne erhitzen, einen Löffel Teig hineingeben und zu einem Kreis von etwa 12 cm Durchmesser und $1/2$ cm Dicke verteilen. Zudecken und von einer Seite backen.
Herausnehmen, die ungebackene Seite mit Öl einpinseln und den Fladen zur Seite legen. Einen zweiten Fladen backen und ebenso mit Öl einpinseln. Den ersten mit der ungebackenen Seite darauflegen, damit die Kichererbsenlaibchen schön und frisch bleiben. Mit dem restlichen Teig auf gleiche Weise verfahren.
Warm oder kalt servieren.

Brotfladen
Chapati (Uganda)

für 4 Stück

180 g Weizenmehl
Öl

◆ Mehl und Salz in eine Schüssel sieben, mit Wasser zu einem glatten Teig kneten. In vier Portionen teilen und auf einer bemehlten Fläche zu dünnen Fladen ausrollen.
In einer Pfanne etwas Öl erhitzen und die Fladen bei mittlerer Temperatur von beiden Seiten etwa 2 Minuten backen.

◆

Imbisse

◆

◆ Mehl und Salz in eine Schüssel sieben, nach und nach lauwarmes Wasser zugießen und alles zu einem Teig kneten. In vier Portionen teilen.
Eine Pfanne mit etwas Butter ausstreichen und den Teig kreisförmig darin dünn verteilen. Von beiden Seiten etwa 3 Minuten knusprig backen.
Die Fladen in kleine Stücke reißen, in eine Schüssel geben und warm stellen. Die restliche Butter zerlassen, mit Kardamom und rotem Pfeffer verrühren, über die Fladen gießen und vermischen.
Warm oder kalt servieren.

Knäckebrot
Chechebsa (Äthiopien)

für 2 Personen

2 Tassen Vollkornmehl
$1/2$ Tasse Gewürzbutter (Seite 44) oder Butter
$1/4$ TL Kardamompulver
$1/2$ TL rote Pfeffermischung (Seite 43)

◆ Das Mehl in eine Schüssel sieben. 2 TL Öl, eventuell roten Pfeffer, etwas Salz sowie $1/4$ Tasse Wasser zugeben und alles zu einem Teig kneten.
Die Hände mit etwas Öl einreiben, den Teig fingerdick ausrollen und kleine Fische formen.
In Öl anbraten oder im vorgeheizten Ofen 10 bis 20 Minuten goldbraun backen.

Kichererbsenfische
Yeshimbra Assa (Äthiopien)

1 Tasse Kichererbsenmehl
Öl
nach Geschmack: $1/4$ TL rote Pfeffermischung (Seite 43)

◆ In einer Schüssel Mehl und Zucker miteinander vermischen. Ei sowie Milch zugeben und alles zu einem dickflüssigen Teig verrühren.
In einem Topf Öl erhitzen. Den Teig löffelweise hineingeben und goldbraun fritieren.
Auf Küchenpapier abtropfen lassen und warm servieren.

Krapfen
Amandazi (Ruanda)

für 3-4 Personen

100 g Maismehl
30 g Weizenmehl
20 g Zucker
1 Ei
etwa $1/8$ l Milch
Öl zum Fritieren

Getrocknetes Fleisch
Quanta (Äthiopien)

10-15 Tage ruhen lassen

1 kg Rind-, Kalb- oder Lammfleisch
1 EL rote Pfeffermischung oder Pfefferpaste (Seite 43)

◆ Das Fleisch in lange, schmale Streifen schneiden. Roten Pfeffer, 1/2 TL schwarzen Pfeffer und Salz miteinander vermischen. Die Streifen damit einreiben, auf Fäden ziehen und an einem kühlen, trockenen Platz zehn bis 15 Tage zum Trocknen aufhängen.
Quanta ißt man, roh oder angebraten, besonders zu Cocktails.

Blumenkohlpuffer
Yeabeba Gomen Qitta (Äthiopien)

1 kleiner Blumenkohl
4 Eier
3 EL Mehl
Zucker
1/8 l Milch
Öl
1/2 TL rote Pfeffermischung (Seite 43) oder Paprika

◆ Den Blumenkohl putzen, waschen und in Röschen zerteilen. In Salzwasser 15 bis 20 Minuten kochen.
Herausnehmen, gut abtropfen lassen und zerdrücken. In einer Schüssel Eier, Mehl, Salz, wenig Zucker sowie Milch schnell verrühren und mit dem Blumenkohl vermischen.
In einer Pfanne Öl erhitzen, mit einem Löffel portionsweise Blumenkohlteig hineingeben und zu flachen Fladen von etwa 7 cm Durchmesser formen. Von beiden Seiten goldgelb backen.
Mit rotem Pfeffer bestreuen und warm servieren.

Suppen

Kürbissuppe
Supu Ya Goga (Tansania)

1 1/2-2 Stunden
  Vorbereitungs- und
  Kochzeit

500 g Kürbis
800 g Fleisch mit Knochen
2 Zwiebeln
2 Knoblauchzehen
1 Prise Gewürznelkenpulver
1 Prise Chilipulver
1 Prise Piment
1/4 l Kokosmilch
25 g Gewürzbutter (Seite 44)
  oder Butter

◆ Den Kürbis halbieren, entkernen, schälen und in gleichmäßige Würfel schneiden. Das Fleisch ebenfalls gleichmäßig würfeln.
In einem Topf Fleisch, Knochen, Zwiebelhälften, Knoblauch, Gewürze und Salz mit 1 1/2 l Wasser aufkochen. Die Kürbiswürfel hineingeben und alles bei schwacher Hitze eine Stunde kochen, bis das Fleisch gar ist.
Die Kokosmilch zugießen und weitere 20 Minuten kochen.
Knochen sowie Zwiebeln herausnehmen und die Suppe mit Butter abschmecken. Eventuell mit heißem Wasser verdünnen, Butter zugeben und nochmals erhitzen.

Linsen-Gemüse-Suppe
Yemiser Shorba (Äthiopien)

3/4 Tasse Linsen
2 Kartoffeln
2 Möhren
2 EL Öl
1 kleine, feingehackte
  Zwiebel
3 Knoblauchzehen
2 Scheiben Ingwerwurzeln
gehackte Petersilie

◆ Die Linsen verlesen und waschen. Die Kartoffeln schälen und würfeln. Die Möhren schaben und reiben.
Öl erhitzen, Zwiebel, Möhren und Kartoffeln darin schmoren. Linsen zugeben und kurz anbraten. Mit 8 Tassen warmem Wasser aufgießen und 40 Minuten kochen, bis die Linsen gar sind. Zerdrückten Knoblauch und Ingwer zugeben, alles weitere 10 bis 15 Minuten kochen.
Salzen, vom Herd nehmen und mit Petersilie verfeinern.

Variante:
Mit Knoblauch und Ingwer Suppennudeln zugeben.

Hühnersuppe
Yedoro Shorba
(Äthiopien)

½ Huhn
1 Zitrone (Saft)
1 kleine, gehackte Zwiebel
1 EL Öl
2 Knoblauchzehen
¼ TL gemahlener Ingwer
1 kleine Kartoffel
gehackte Petersilie

◆ Das Huhn waschen und mit Zitronensaft abreiben.
In einem Topf ohne Fett die Zwiebel kurz anbraten. Etwas Öl, eine zerdrückte Knoblauchzehe, eine Prise Ingwer und die kleingeschnittene Kartoffel hineingeben. Das Huhn kurz anbraten und mit genügend warmem Wasser ablöschen – während des Kochvorgangs kein Wasser mehr zugießen. Alles 30 bis 60 Minuten kochen, bis das Hühnerfleisch gar ist.
Das Huhn herausnehmen, die Knochen entfernen und das Fleisch zurück in die Brühe geben. Restlichen Ingwer, Knoblauch und Öl hineinrühren, alles weitere 4 Minuten garen.
Mit Salz abschmecken, mit ¼ TL Pfeffer und Petersilie bestreuen. Heiß servieren.

Junghuhn-Suppe
Doro Shorba (Äthiopien)

½ junges Huhn
1 Stange Porree
1 TL Öl
5 gehackte Knoblauchzehen
1 TL Mehl
2 TL Gewürzbutter (Seite 44) oder Butter
gehackte Petersilie

◆ Das Huhn häuten, waschen und zerlegen. Die Knochen entfernen, das Fleisch fein hacken. Den weißen Teil des Porrees gründlich waschen und in kleine Stücke schneiden.
Öl erhitzen, Knoblauch, Porree, Mehl und Salz darin kurz anbraten. Das Hühnerfleisch zufügen, mit genügend Wasser aufgießen und 30 bis 40 Minuten garen.
Mit Butter und Petersilie verfeinern.

◆ Das Gemüse vorbereiten und kleinschneiden. Öl erhitzen, Zwiebeln und Knoblauch darin leicht bräunen. Das Gemüse, die Brühe sowie je eine Prise Kreuzkümmel und Koriander hinzufügen. Alles 30 Minuten kochen, bis das Gemüse gar ist. Petersilie zugeben, mit Pfeffer und Salz abschmecken.

Gemischte Gemüsesuppe
Supu Ya Mboga Mzeto (Tansania)

2 Möhren
2 kleine Stangen Sellerie
60 g Weißkohl
1 Tomate
2 TL Öl
2 gehackte Zwiebeln
2 gehackte Knoblauchzehen
1 l Fleisch- oder
 Hühnerbrühe
Kreuzkümmel
gehackte Korianderblätter
1 TL gehackte Petersilie

Hülsenfrüchte

Äthiopien ist reich an Gemüsen und Hülsenfrüchten. So konnte eine reiche vegetarische Küche entstehen, die durch ihre unterschiedlichen Zubereitungsarten leicht verdaulich und schmackhaft ist. Besonders beliebt sind Erbsen, Kichererbsen, Linsen und Grünkohl.

Wet ist eine typische Sauce mit Stücken aus Gemüse oder auch Fleisch und Fisch. Ausgehend von den verschiedenen Zutaten, existiert eine Fülle vielfältiger Rezepte. Mit Injera bildet Wet das äthiopische Nationalgericht.

Landschaft im Semien-Gebirge, Nordäthiopien.

Äthiopierin beim Getreidereinigen vor ihrem Haus.

Hamar auf einem Markt in Südäthiopien.

Landschaft bei Adua, Tigré (Nordäthiopien).

◆ Die Linsen verlesen, waschen und etwa 30 Minuten weich kochen. Herausnehmen und zerdrücken. Die Peperoni halbieren, entkernen und in Streifen schneiden.
In einem Topf Öl erhitzen und die Zwiebeln darin glasig werden lassen. Linsen, zerdrückten Knoblauch, Ingwer und Salz hineingeben, 1 bis 2 Minuten umrühren. Unter gelegentlichem Umrühren 2 Tassen Wasser zugießen und alles 15 bis 20 Minuten kochen.
Vom Herd nehmen, eventuell mit Kurkuma bestreuen, mit Peperoni und Basilikum abschmecken. Warm oder kalt servieren.

Basilikum-Linsen
Yedifen Miser Alicha Wet (Äthiopien)

$1^{1}/_{2}$ Tassen Linsen
1 Peperoni
$^{1}/_{2}$ Tasse Öl
1 Tasse feingehackte
 Zwiebeln
4 Knoblauchzehen
$^{1}/_{2}$ TL gemahlener Ingwer
nach Geschmack:
 $^{1}/_{2}$ TL Kurkuma
einige Basilikumblätter

◆ Die Linsen verlesen, waschen und etwa 30 Minuten weich kochen.
Währenddessen in einem Topf ohne Fett die Zwiebeln kurz anbraten. Öl sowie roten Pfeffer hineingeben und unter ständigem Rühren aufkochen. Linsen, zerdrückten Knoblauch, Ingwer, Kümmel und Salz unterrühren. Mit 3 Tassen Wasser aufgießen und alles 15 bis 20 Minuten kochen.
Abschmecken und eventuell mit Tomatenmark verfeinern.

Linsen in scharfer Sauce
Yedifen Miser Wet (Äthiopien)

1 Tasse Linsen
$^{1}/_{2}$ Tasse gehackte Zwiebeln
$^{1}/_{2}$ Tasse Öl
$^{1}/_{4}$ Tasse rote
 Pfeffermischung (Seite 43)
3 Knoblauchzehen
$^{1}/_{2}$ TL gemahlener Ingwer
$^{1}/_{4}$ TL gemahlener
 Schwarzkümmel
nach Geschmack:
 1 EL Tomatenmark

Linsenfüllung
Sambusa (Äthiopien)

2 Stunden Vorbereitungs- und Kochzeit

175 g Mehl
1 Ei
1 TL Hefe
40 g Gewürzbutter (Seite 44) oder Margarine
Öl zum Fritieren

für die Füllung:
1 1/2 Tassen Linsen
2 Tomaten
1 Peperoni
2 EL Öl
1 feingehackte Zwiebel
1/2 TL rote Pfeffermischung (Seite 43)
1/2 TL gehackter Knoblauch
1/2 TL gemahlener Ingwer
gemahlener Zimt
Gewürznelkenpulver
1 gehacktes Minzeblatt
Rosmarin

◆ Mehl in eine Schüssel sieben. Salz, Ei, Hefe, Butter sowie lauwarmes Wasser zugeben und alles rasch zu einem elastischen Teig verarbeiten. Mit einem Tuch bedecken und ruhen lassen.
Währenddessen die Füllung vorbereiten: Die Linsen verlesen, waschen und etwa 30 Minuten weich kochen. Die Tomaten häuten. Die Peperoni halbieren, entkernen und fein hacken.
Öl erhitzen und die Zwiebel darin leicht bräunen. Roten Pfeffer sowie Tomaten hinzufügen und 2 bis 3 Minuten braten. Linsen, Knoblauch und Ingwer darin kurz anbraten. Peperoni, Zimt, eine Prise Nelken, Minze und Rosmarin zugeben, alles leicht kochen. Mit Salz abschmecken und abkühlen lassen.
Den Teig zu dünnen Fladen ausrollen und diese halbieren. Die Halbkreise am Rand anfeuchten, zu einem Kegel formen und mit der Mischung füllen. Den offenen Rand anfeuchten und den Kegel mit den Fingern zusammenpressen.
In einem Topf Öl nicht zu stark erhitzen und die Sambusa goldgelb fritieren – oder im auf 180° vorgeheizten Ofen 15 Minuten goldbraun backen.

Variante:
Statt Linsen Fleisch oder Gemüse verwenden.

Leinsamen mit Linsen
Yetelba Wet (Äthiopien)

◆ Die Linsen verlesen, waschen und etwa 30 Minuten weich kochen.
In einem Topf ohne Fett die Zwiebeln kurz anbraten. Öl und roten Pfeffer hineingeben, 2 Minuten rühren. Linsen, zerdrückten Knoblauch, Ingwer sowie 2 Tassen Wasser hinzufügen und unter ständigem Umrühren aufkochen. Salzen und bei mittlerer Hitze 15 Minuten garen.
Währenddessen in einer fettfreien Pfanne den Leinsamen kurz rösten.
Die Linsen vom Herd nehmen, mit Leinsamen bestreuen und abschmecken. Warm oder kalt servieren.

Soll das Gericht schwächer gewürzt sein, die Knoblauchzehen unzerkleinert zugeben.

1 Tasse Linsen
1 Tasse gehackte Zwiebeln
$1/4$ Tasse Öl
$1 1/2$ EL rote Pfeffermischung (Seite 43)
3 Knoblauchzehen
$1/4$ TL gemahlener Ingwer
2 EL gemahlene Leinsamen

Rote Linsen
Yemiser Alicha (Äthiopien)

◆ Die Linsen verlesen, waschen und mit wenig Wasser 1 bis 2 Minuten kochen. Abgießen, das Kochwasser auffangen. Die Peperoni halbieren, entkernen und in Streifen schneiden.
Öl erhitzen und die Zwiebeln darin glasig werden lassen. Die Linsen zugeben und dünsten. Mit dem Koch- sowie 3 weiteren Tassen Wasser aufgießen und aufkochen. Knoblauch, Ingwer und Salz zufügen. Die Hitze reduzieren und alles 15 Minuten kochen.
Mit Kurkuma bestreuen und mit Peperoni abschmecken. Warm oder kalt servieren.
Beilage: Fladenbrot (Seite 49 bis 52)

Rote Linsen brauchen nicht vorgekocht zu werden.

1 Tasse rote Linsen
2 Peperoni
$1/2$ Tasse Öl
1 Tasse gehackte Zwiebeln
$1/2$ TL Knoblauchpulver
$1/2$ TL gemahlener Ingwer
$1/4$ TL Kurkuma

Linsenpaste
Azifa (Äthiopien)

1–2 Stunden ruhen lassen

1 Tasse Linsen
4 milde oder scharfe Peperoni
3/4 Tasse Öl
2 Zitronen (Saft)
3 TL schwarzes Senfpulver
2 feingehackte Zwiebeln

◆ Die Linsen verlesen, waschen und etwa 30 Minuten weich kochen. Abgießen, zerdrücken und 30 Minuten kalt stellen. Die Peperoni halbieren, entkernen und fein hacken.
In einer Schüssel Öl, Zitronensaft, Senf, Zwiebeln und drei Viertel der Peperoni miteinander vermischen. Die Linsen unterrühren, mit Pfeffer und Salz abschmecken, mit den restlichen Peperoni garnieren. Ein bis zwei Stunden ruhen lassen.
Eignet sich als Beilage oder Salat.

Roter Linsentopf
Yemiser Kik Wet (Äthiopien)

1 Tasse rote Linsen
1 Tasse gehackte Zwiebeln
1/2 Tasse Öl
1 EL rote Pfeffermischung (Seite 43)
1/2 TL Knoblauchpulver
1/4 TL gemahlener Schwarzkümmel
1/2 TL gemahlener Ingwer

◆ Die Linsen verlesen und waschen.
In einem Topf ohne Fett die Zwiebeln kurz anbraten. Die Linsen unterrühren. Öl sowie alle Gewürze untermischen und bräunen. Mit 3 Tassen Wasser ablöschen, alles zum Kochen bringen und unter gelegentlichem Rühren 15 Minuten kochen. Mit schwarzem Pfeffer und Salz abschmecken. Warm oder kalt servieren.

Linsenaufstrich
Azifa Ledabo (Äthiopien)

1 Tasse Linsen
1 grüne Paprika oder 2 Peperoni
1/2 Tasse Öl
2 TL Senf
1 Zitrone (Saft)
1 feingehackte Zwiebel

◆ Die Linsen verlesen, waschen und etwa 30 Minuten weich kochen. Pürieren und erkalten lassen. Die Paprika halbieren und entkernen, das weiße Fruchtfleisch entfernen, die Schote fein hacken.
In einer Schüssel Öl, Senf und Zitronensaft vermengen. Linsen, Zwiebel und Paprika untermischen. Mit Salz abschmecken und 10 bis 20 Minuten kalt stellen.
Auf Brot streichen und mit Paprika garnieren.
Eignet sich besonders für eine Zwischenmahlzeit oder, mit Tomaten und Hüttenkäse, als Snack.

◆ 2 Tassen Wasser zum Kochen bringen und das Öl beifügen. Das Mehl einrühren und aufkochen. Bei schwacher Hitze unter gelegentlichem Rühren 15 bis 20 Minuten kochen.
Mit Salz abschmecken und eventuell mit Tomatenmark verfeinern. Warm oder kalt servieren. Wurde Butter verwendet, warm servieren.

◆ Die Erbsen in Salzwasser weich kochen. Abgießen, das Kochwasser auffangen.
Öl erhitzen und die Zwiebel darin glasig werden lassen. Die Erbsen zugeben und 1 Minute dünsten. Zerdrückten Knoblauch und Ingwer zufügen. Mit dem Koch- sowie 2 weiteren Tassen Wasser aufgießen. 15 bis 20 Minuten kochen, dabei gelegentlich umrühren.
Die Peperoni halbieren, entkernen und in Streifen schneiden. Die Sauce mit Kurkuma bestreuen und mit Peperoni abschmecken. Warm oder kalt servieren. Wurde Butter verwendet, warm servieren.

◆ In einem Topf Öl erhitzen und die Zwiebel darin bräunen. Eventuell roten Pfeffer hineingeben, 2 Tassen Wasser zugießen und aufkochen. Das Erbsenmehl nach und nach hineinrühren, so daß keine Klümpchen entstehen, und alles zum Kochen bringen. Die Temperatur reduzieren, Knoblauch und Ingwer beifügen, den Topf halb zudecken. Bei schwacher Hitze 15 Minuten eindicken lassen.
Die Peperoni halbieren, entkernen und in längliche Streifen schneiden. Das Gericht mit Salz abschmecken und Peperoni darübergeben.
Beilage: Fladenbrot (Seite 49 bis 52)

Pikante Sauce
Mitin Shiro Wet (Äthiopien)

$1/2$ Tasse Öl oder
   Gewürzbutter (Seite 44)
$1/2$ Tasse Hülsenfrüchtemehl
   besonderer Art (Seite 46)
nach Geschmack:
   1 EL Tomatenmark

Milde Sauce aus gelben Erbsen
Yekik Alicha (Äthiopien)

1 Tasse gelbe Erbsen
$1/2$ Tasse Öl oder
   Gewürzbutter (Seite 44)
1 feingehackte Zwiebel
3 Knoblauchzehen
$1/2$ TL gemahlener Ingwer
1 milde oder scharfe
   Peperoni
$1/2$ TL Kurkuma

Erbsensauce
Shiro Alicha (Äthiopien)

$1/2$ Tasse Erbsenmehl
   (Seite 44 oder 45)
$3/4$ Tasse Öl oder
   Gewürzbutter (Seite 44)
1 große, gehackte Zwiebel
nach Geschmack:
   rote Pfeffermischung
   (Seite 43)
$1/4$ TL Knoblauchpulver
$1/4$ TL gemahlener Ingwer
1 Peperoni

Erbsenkuchen
Enfrfer Shiro (Äthiopien)

1-2 Stunden ruhen lassen

1 Tasse Erbsenmehl (Seite 44 oder 45)
3/4 Tasse Öl
1/2 Tasse feingehackte Zwiebeln
1 TL rote Pfeffermischung (Seite 43)
nach Geschmack:
   1 EL Tomatenmark
1/4 TL Knoblauchpulver
1/4 TL gemahlener Ingwer
1/4 TL Kardamompulver
Salz

◆ In einem Topf Öl erhitzen und die Zwiebeln darin bräunen. Roten Pfeffer, eventuell Tomatenmark sowie etwas Wasser hineingeben und 1 bis 2 Minuten anbraten. Die Gewürze hinzufügen und kurz verrühren. Mit 1 1/2 Tassen Wasser aufgießen und zum Kochen bringen. Das Erbsenmehl nach und nach hineinrühren, so daß keine Klümpchen entstehen. Bei schwacher Hitze 20 bis 30 Minuten eindicken lassen, bis sich die Masse vom Boden des Topfes löst und zusammenzieht.
Den Topf vom Herd nehmen und die Paste gleichmäßig auf einer großen Platte verteilen. Ein bis zwei Stunden abkühlen lassen und kleinschneiden. Kühl aufbewahren.
Eignet sich als Imbiß oder Beilage.

Gelbe Erbsen
Yekik Wet (Äthiopien)

1 Tasse gelbe Erbsen
1/2 Tasse gehackte Zwiebeln
nach Geschmack:
   1/2 TL gemahlene Bockshornkleesamen
2 EL rote Pfeffermischung (Seite 43)
1/2 Tasse Wein, Met oder Wasser
1/2 Tasse Öl oder Gewürzbutter (Seite 44)
1/2 TL gehackter Knoblauch
1/2 TL gemahlener Ingwer
1/4 TL Kardamompulver
1/4 TL gemahlener Schwarzkümmel

◆ Die Erbsen in Salzwasser weich kochen.
Währenddessen in einem Topf ohne Fett die Zwiebeln und eventuell Bockshornklee kurz anbraten. Roten Pfeffer hineingeben, nach und nach Wein unterrühren. Öl zugießen und etwa 3 Minuten mitschmoren. Gewürze und Erbsen zugeben, kurz anbraten. Alles mit 2 Tassen Wasser zu einer mitteldünnen Sauce aufgießen, 10 bis 20 Minuten kochen.
Abschmecken. Warm oder kalt servieren. Wurde Butter verwendet, warm servieren.

◆ Das Mehl in eine Schüssel sieben. Etwas Öl, eventuell roten Pfeffer, etwas Salz sowie 1/4 Tasse Wasser zugeben und alles zu einem Teig kneten. Die Hände mit etwas Öl einreiben, den Teig fingerdick ausrollen und kleine Fische formen. In Öl anbraten oder im vorgeheizten Ofen 10 bis 20 Minuten goldbraun backen.
Für die Sauce in einem Topf ohne Fett die Zwiebeln kurz anbraten. Öl, roten Pfeffer und eventuell Tomatenmark unter Rühren hineingeben, ebenfalls anbraten. Die Gewürze hinzufügen und die Mischung unter Rühren bräunen. Mit 1 1/2 Tassen Wasser ablöschen und 15 bis 20 Minuten kochen.
Die Fische vorsichtig in die Sauce geben und alles bei schwacher Hitze etwa 5 Minuten köcheln.
Mit Salz abschmecken. Warm oder kalt servieren.
Beilage: Fladenbrot (Seite 49 bis 52)

Kichererbsenfische in würziger Sauce
Shimbra Assa Wet (Äthiopien)

1 1/2 Stunden Vorbereitungs- und Kochzeit

1 Tasse Kichererbsenmehl
2 TL Öl
nach Geschmack:
   1/4 TL rote Pfeffermischung (Seite 43)

für die Sauce:
2 Tassen gehackte Zwiebeln
1/2 Tasse Öl
1 EL rote Pfeffermischung
nach Geschmack:
   2 EL Tomatenmark
1/2 TL Knoblauchpulver
1/2 TL gemahlener Ingwer
1/4 TL Kardamompulver

Gewürzte Kichererbsen
Yeshimbra Ayib
(Äthiopien)

1 1/2-2 Stunden
 Vorbereitungs- und
 Kochzeit
für 3 Personen

1 Tasse Kichererbsenmehl
4 EL Öl
1 gehackte Zwiebel
3 gehackte Knoblauchzehen
1 TL rote Pfeffermischung
 (Seite 43)
2 milde oder scharfe
 Peperoni
1/4 TL gemahlener Ingwer
1/4 TL Senf

◆ 2 EL Öl erhitzen, Zwiebel und Knoblauch darin leicht bräunen. Roten Pfeffer und Kichererbsenmehl zugeben, dabei nach und nach Wasser zugießen und alles bei schwacher Hitze unter ständigem Rühren 10 bis 15 Minuten kochen, bis die Masse fest ist.
Herausnehmen, auf einem flachen Teller verteilen und abkühlen lassen.
Die Peperoni halbieren, entkernen und fein schneiden. In einer Schüssel das restliche Öl, Peperoni, Ingwer, Senf, schwarzen Pfeffer und Salz vermengen. Die Kichererbsenmasse zerbröckeln und untermischen. Im Kühlschrank etwa 45 Minuten durchkühlen lassen.

Gemüse

Kochbananen
Amatooke (Uganda)

8 Kochbananen
1 EL Gewürzbutter (Seite 44) oder Butter

◆ Die Bananen schälen, in Stücke oder Scheiben schneiden und mit kaltem Wasser gründlich waschen. In einem Topf mit Wasser bedecken, eine Prise Salz zugeben und aufkochen. Bei mittlerer Hitze 20 bis 25 Minuten weich kochen. Abgießen und mit Butter servieren.
Eignet sich mit Erdnußsauce als Beilage zu Fleischgerichten.

Süßkartoffeln mit Erdnußsauce
Embboli Na Maido (Uganda)

3 große Süßkartoffeln
150 g Champignons
2 Zwiebeln
4 Tomaten
3 EL Öl
1 TL Currypulver (Seite 46)
200 g Erdnußkerne

◆ Die Süßkartoffeln schälen und würfeln. In 1 l Wasser mit einer Prise Salz zugedeckt bei mittlerer Hitze 30 bis 40 Minuten kochen.
Währenddessen die Champignons putzen und kleinschneiden. Die Zwiebeln in Ringe schneiden. Die Tomaten würfeln.
In einer Pfanne Öl erhitzen und die Zwiebelringe darin leicht bräunen. 1 TL Pfeffer und Curry unter ständigem Rühren hinzufügen. Die Tomaten unterrühren. Die Champignons und 1 Tasse Wasser hinzufügen. Salzen, zudecken und bei schwacher Hitze köcheln, dabei gelegentlich umrühren.
Die Erdnüsse mahlen und in einem kleinen Topf mit 3 Tassen Wasser unter ständigem Rühren zum Kochen bringen. Bei mittlerer Hitze 10 Minuten kochen.
Die Gemüse-Mischung in die Sauce rühren. Die Süßkartoffeln getrennt dazu servieren.

Passierter Grünkohl mit Linsen
Miser Begomen (Äthiopien)

etwa 1 1/2 Stunden Vorbereitungs- und Kochzeit
für 4-6 Personen

200 g Linsen
500 g Grünkohl
2 Peperoni
5 Knoblauchzehen
1 TL gemahlener Ingwer
1 TL gehacktes Basilikum
1/2 Tasse Öl
1 feingehackte Zwiebel

◆ Die Linsen verlesen, waschen und etwa 30 Minuten weich kochen. Die Kohlblätter abstreifen, waschen, grob hacken und in wenig Salzwasser kurz kochen. Abtropfen lassen, fein hacken, unter die Linsen mischen und passieren.
Die Peperoni halbieren und entkernen. Mit Knoblauch, Ingwer und Basilikum vermischen, ebenfalls passieren.
Öl erhitzen und die Zwiebel darin leicht bräunen. Etwas Wasser sowie nach und nach die passierten Zutaten hinzufügen. Die Temperatur reduzieren und alles 10 bis 15 Minuten schmoren, dabei gelegentlich umrühren.
Mit Salz abschmecken.

Variante:
Nach Belieben mit Hackfleisch verfeinern.

Kohl-Eintopf
Gomen (Äthiopien)

500 g Grünkohl
2 Kartoffeln
1 Stange Porree
1 Peperoni
1/2 Tasse Öl
1 kleine, feingehackte Zwiebel
3 Knoblauchzehen
1/4 TL gemahlener Ingwer

◆ Die Kohlblätter abstreifen, waschen und mit oder ohne Rippen in wenig Salzwasser kochen. Abtropfen lassen und kleinschneiden. Die Kartoffeln schälen und in kleine Würfel schneiden. Den weißen Teil des Porrees gründlich waschen und in kleine Stücke schneiden. Die Peperoni halbieren, entkernen und in längliche Streifen schneiden.
In einem Topf Öl erhitzen und die Zwiebel darin leicht bräunen. Porree hineingeben und kurz anbraten. Wenn nötig, etwas Wasser zugießen. Den Kohl hinzufügen und bei mittlerer Hitze 20 Minuten kochen.
Kartoffeln mit zerdrücktem Knoblauch, Ingwer sowie Salz untermischen und garen, dabei öfter umrühren.
Mit Peperoni abschmecken.

◆ Die Zwiebeln schälen, waschen und eine Kappe abschneiden. In Salzwasser halbgar kochen. Abtropfen und abkühlen lassen, aushöhlen und das Zwiebelfleisch zur Seite legen.
Die Möhren schaben, in kleine Würfel schneiden und in Salzwasser kochen. Mit Erbsen und Pfeffer vermischen, Zwiebelfleisch und Pfeffer zugeben.
Die Zwiebeln mit der Mischung füllen, die Kappe wieder aufsetzen.
Eine feuerfeste Form mit Butter ausstreichen, die Zwiebeln hineinstellen und mit Käse bestreuen. Im Ofen 15 bis 20 Minuten überbacken.
Beilage: Wein- oder Zwiebelsauce

Gefüllte Zwiebeln
Kitunguu Mjazo
(Tansania)

2 Stunden Vorbereitungs- und Kochzeit

4 große Gemüsezwiebeln
4 Möhren
1 Tasse Erbsen
50 g Gewürzbutter (Seite 44) oder Butter
2 EL geriebener Käse

◆ Die Kohlblätter abstreifen, waschen und in wenig Salzwasser kochen. Abtropfen lassen und kleinschneiden. Die Peperoni halbieren, entkernen und grob hacken.
Öl erhitzen und die Zwiebel darin bräunen. Wenn nötig, etwas Wasser zugießen. Den Kohl hinzufügen und unter gelegentlichem Wenden 20 bis 30 Minuten kochen.
Zerdrückten Knoblauch, Ingwer sowie Salz dazugeben und alles garen. 2 Minuten vor Ende der Kochzeit die Peperoni zufügen.

Scharfer Grünkohl
Yehabesha Gomen
(Äthiopien)

500 g Grünkohl
2 scharfe Peperoni
$1/2$ Tasse Öl
1 große, feingehackte Zwiebel
2 Knoblauchzehen
$1/2$ TL gemahlener Ingwer

◆ Den Maniok schälen, waschen und längs vierteln. Das harte Innere herausschneiden, die Knolle fein würfeln. Mit $3/4$ l Salzwasser zum Kochen bringen und bei mittlerer Hitze etwa 15 Minuten kochen.
Währenddessen in einem Topf Margarine zerlassen und das Mehl einrühren. Milch, kleingeschnittenen Käse und Salz untermischen. Bei mittlerer Hitze unter ständigem Rühren etwa 10 Minuten kochen.
Den Maniok abgießen und in eine feuerfeste Form füllen. Mit Sauce übergießen und im auf 200° vorgeheizten Ofen etwa 15 Minuten goldbraun backen.

Maniokauflauf
Muhogo (Uganda)

1 kg Maniok
2 EL Margarine
2 EL Mehl
300 ml Milch
150 g Schmelzkäse

Kohl mit Leinsamen
*Gomen Betelba
(Äthiopien)*

für 4-5 Personen

500 g Grünkohl
1 Stange Porree
1 Peperoni
1 gehackte Zwiebel
5 Knoblauchzehen
1/2 TL gemahlener Ingwer
3 EL gemahlener Leinsamen

◆ Die Kohlblätter abstreifen, waschen, kleinschneiden und in Salzwasser 10 bis 20 Minuten kochen.
Währenddessen den weißen Teil des Porrees gründlich waschen und in kleine Stücke schneiden. Die Peperoni halbieren, entkernen und in längliche Streifen schneiden.
Zwiebel, zerdrückten Knoblauch, Porree und Ingwer zum Kohl geben. Alles kochen, bis der Kohl weich und fast alle Flüssigkeit verdampft ist. Den Topf vom Herd nehmen, Leinsamen untermischen und mit Peperoni abschmecken. Warm oder kalt servieren.

Bohnenmischbrei
Irio (Kenia)

am Vortag beginnen

1 kg schwarze Bohnen
2 TL Backpulver
1 kg Kartoffeln
500 g Bananen
500 g Mais
Gewürzbutter (Seite 44) oder
  Butter

◆ Die Bohnen mit Backpulver 40 Minuten kochen. Abgießen und waschen. Mit kochendem Wasser bedecken und über Nacht ziehen lassen.
Am nächsten Tag das Wasser wechseln und die Bohnen weich kochen. Die Kartoffeln schälen, würfeln und in Salzwasser weich kochen. Die Bananen schälen und in Stücke schneiden. Mit dem Mais den Bohnen zugeben und alles 10 Minuten kochen. Durchsieben und pürieren. Die Kartoffeln mit etwas Butter pürieren, beigeben und vermischen.
Als Hauptgericht oder als Beilage zu einem Fleischgericht servieren.

Gebratener Grünkohl
*Yehabesha Gomen Tibs
(Äthiopien)*

1 kg Grünkohl
1 Zwiebel
1 milde oder scharfe
  Peperoni
1 Tasse Öl
4 Knoblauchzehen
1/4 TL Kardamompulver

◆ Die Kohlblätter abstreifen und waschen, die Rippen abtrennen. Die Zwiebel in Ringe schneiden. Die Peperoni halbieren, entkernen und hacken.
Öl erhitzen und die Zwiebelringe darin glasig werden lassen. Die Blattrippen zugeben und 5 Minuten anbraten. Die Kohlblätter hinzufügen. Die Temperatur reduzieren, zerdrückten Knoblauch, Kardamom sowie Salz zugeben und alles 20 bis 30 Minuten braten, dabei gelegentlich umrühren. Mit Peperoni abschmecken.

◆ Die Kartoffeln schälen und würfeln. Den Blumenkohl putzen, waschen und in Röschen zerteilen. Die Bohnen kleinschneiden. Die Aubergine schälen und in Scheiben schneiden. Den Spinat verlesen, von den groben Stielen befreien, waschen und abtropfen lassen.
In einem großen Topf Öl erhitzen, Zwiebel, Senfkörner, Ingwer und Kreuzkümmel darin leicht bräunen. Die Kartoffeln zugeben und weiterbraten. Die übrigen Gewürze hinzufügen und die Kartoffeln unter Rühren garen.
Das Tomatenmark mit $1/2$ Tasse Wasser verdünnen und unterrühren. Blumenkohl, Bohnen und Aubergine beifügen, etwa 2 Minuten rühren. Die Kichererbsen hinzufügen und alles zugedeckt etwa 40 Minuten garen. Dabei gelegentlich umrühren und, wenn nötig, Wasser zugießen. Zuletzt den Spinat zugeben und kurz erwärmen. Mit Salz abschmecken.
Beilage: Reis oder Fladenbrot (Seite 49 bis 52)

Gemüsecurry
Mboga Ya Bizari (Kenia)

$1 1/2$ Stunden Vorbereitungs- und Kochzeit
für 5-6 Personen

6 Kartoffeln
$1/2$ kleiner Blumenkohl
150 g grüne Bohnen
1 Aubergine
100 g Spinat
3 TL Öl
1 große, gehackte Zwiebel
1 TL schwarze Senfkörner
1 TL gemahlener Ingwer
$1/2$ TL Kreuzkümmel
2 zerdrückte Knoblauchzehen
2 TL Cayennepfeffer
1 TL gehackte Korianderblätter
$1/2$ TL gemahlener Kreuzkümmel
$1/2$ TL Kurkuma
1 Zimtstange, halbiert
5 Gewürznelken
50 g Tomatenmark
40 g Kichererbsen aus der Dose

◆ Den Kohlkopf vierteln und den Strunk entfernen, den Weißkohl grob schneiden, waschen und abtropfen lassen. Die Kartoffeln vierteln.
Öl erhitzen und die Zwiebel darin bräunen. Wenn nötig, etwas Wasser zugießen. Den Kohl zufügen und unter gelegentlichem Wenden 20 Minuten dünsten.
Zerdrückten Knoblauch, Ingwer, Kurkuma sowie die Kartoffeln zugeben und alles langsam garen. Mit Salz abschmecken.

Weißkohl in Kurkuma
Gomen Alicha (Äthiopien)

1 Weißkohl
2 Kartoffeln
$1/2$ Tasse Öl
1 kleine, gehackte Zwiebel
3 Knoblauchzehen
$1/2$ TL gemahlener Ingwer
1 TL Kurkuma

Grüne Bohnen
Yefoselia Atkelt
(Äthiopien)

für 4-5 Personen

500 g grüne Bohnen
250 g Möhren
1-2 Tomaten
2 Zwiebeln
1/2 Tasse Öl
3 Knoblauchzehen
1/4 TL gemahlener Ingwer
1/4 TL Kardamompulver
1/2 TL Rosmarin

◆ Die Bohnen waschen und in Stücke von 5 cm Länge schneiden. Die Möhren schaben und in Streifen schneiden. Die Tomaten häuten. Die Zwiebeln in Ringe schneiden.
Öl erhitzen und die Zwiebelringe darin bräunen. Die Bohnen zugeben und halbweich braten. Möhren, Tomaten, zerdrückten Knoblauch und Gewürze hinzufügen, alles weitere 15 Minuten braten. Mit Salz abschmecken und fertiggaren.

Bohnen in Kokosmilch
Maharagwe Na Tui Ya Nazi (Tansania)

1 1/2 Stunden Vorbereitungs- und Kochzeit

250 g Bohnen
2 Tomaten
200 ml Kokosmilch
   (frisch oder aus der Dose)
1/2 TL Gewürznelkenpulver
1 TL Kurkuma
1 Knoblauchzehe

◆ Die Bohnen kochen, abgießen und in einen Topf geben. Die Tomaten würfeln und hinzufügen. Kokosmilch, Nelken, Kurkuma und zerdrückten Knoblauch ebenfalls zugeben. Mit Salz abschmecken und 10 bis 15 Minuten garen.

Kartoffeln mit Möhren
Dinich Alicha (Äthiopien)

250 g Kartoffeln
250 g Möhren
1/2 Tasse Öl
2 gehackte Zwiebeln
2 Knoblauchzehen
1/2 TL Kurkuma
einige Basilikumblätter

◆ Die Kartoffeln schälen und in gleichmäßige Scheiben schneiden. Die Möhren schaben und in Streifen schneiden.
Öl erhitzen und die Zwiebeln darin bräunen. Möhren zugeben und halbweich braten. Wenn nötig, etwas Wasser zugießen. Die Kartoffeln hinzufügen und dünsten. Zuletzt zerdrückten Knoblauch, Kurkuma sowie Salz zufügen und alles fertiggaren.
Mit Basilikum abschmecken.

◆ Kartoffeln kochen, schälen und gut 30 Minuten auskühlen lassen. Die Peperoni halbieren, entkernen und fein schneiden. Die Kartoffeln passieren, Zwiebel und Peperoni zugeben, mit Zitronensaft, Senf und Salz würzen. Zuletzt das Öl und etwas Cayennepfeffer untermischen. Kalt servieren.

Gepfefferte Kartoffeln
Dinich Butecha
(Äthiopien)

$1^1/2$ Stunden Vorbereitungs- und Kochzeit

4 Kartoffeln
2 milde oder scharfe Peperoni
1 gehackte Zwiebel
1 Zitrone (Saft)
$1/4$ TL Senf
2 EL Öl
Cayennepfeffer

◆ Die Bananen schälen und waschen. Mit den Gewürzen in einen Topf geben und Kokosmilch zugießen. Bei schwacher Hitze etwa 15 Minuten weich garen.
Heiß servieren.
Eignet sich als Beilage zu einem Fischgericht.

Kochbananen in Kokosmilch
Ndizi Na Tui Ya Nazi
(Kenia)

4 grüne Kochbananen
1 TL Currypulver (Seite 46)
$1/2$ TL gemahlener Zimt
1 Prise Gewürznelkenpulver
$1^1/4$ Tassen Kokosmilch
    (frisch oder aus der Dose)

Champignons
Ingudai Wet (Äthiopien)

1 1/2 Tassen Champignons
1 Tasse feingehackte
　Zwiebeln
1/2 TL gemahlene
　Bockshornkleesamen
2 EL Öl
1 TL rote Pfeffermischung
　(Seite 43)
1/4 l Wein, Met oder Wasser
nach Geschmack:
　2 TL Erbsenmehl (Seite 44
　oder 45)

◆ Die Pilze putzen, waschen und fein schneiden. In einem Topf ohne Fett Zwiebeln und Bockshornklee kurz anbraten. Öl sowie roten Pfeffer einrühren und einige Minuten unter Rühren mitbraten. Die Pilze zugeben und im eigenen Saft sowie dem Wein 20 bis 30 Minuten dünsten.
Mit schwarzem Pfeffer und Salz abschmecken, eventuell mit Erbsenmehl bestäuben.

Kürbis
Duba Wet (Äthiopien)

500 g Kürbis
1 feingehackte Zwiebel
1/2 Tasse Öl
1 1/2 TL rote Pfeffermischung
　(Seite 43)
1 TL gemahlener
　Schwarzkümmel
1/4 TL gemahlener Ingwer
2 zerdrückte
　Knoblauchzehen
1 Prise Gewürznelkenpulver
Salz
1 EL Tomatenmark

◆ Den Kürbis halbieren, entkernen, schälen und in gleichmäßige Würfel schneiden.
In einem Topf ohne Fett die Zwiebel kurz anbraten. Öl, roten Pfeffer und, wenn nötig, etwas Wasser zugeben. Alles unter ständigen Rühren etwa 4 Minuten erhitzen.
Den Kümmel unterrühren, bis der rote Pfeffer milder wird. Die Kürbiswürfel sowie die Gewürze zugeben und mit wenig warmem Wasser 15 bis 20 Minuten dünsten.
Mit Tomatenmark verfeinern.

◆ Die Bohnen über Nacht in Wasser einweichen. Am nächsten Tag in reichlich Wasser eine Stunde garen. Währenddessen die Tomaten würfeln. Den weißen Teil des Porrees gründlich waschen und in kleine Stücke schneiden.
Die Bohnen abgießen. Öl, Zwiebel, Tomaten und Porree zu den Bohnen geben. Mit Salz abschmekken und alles 30 Minuten kochen.
Beilage: Maisbrei (Seite 143)

Bohneneintopf
Maharagwe Mboga
(Tansania)

am Vortag beginnen

500 g Kidneybohnen
4 Tomaten
1 große Stange Porree
2 EL Öl
1 gehackte Zwiebel

◆ Den Kürbis halbieren, entkernen, schälen und würfeln. Die Peperoni halbieren, entkernen und in längliche Streifen schneiden.
In einem Topf ohne Fett die Zwiebeln kurz anbraten. Mit etwas Wasser ablöschen, Öl und Kurkuma dazugeben, kurz erhitzen. Die Kürbiswürfel beigeben und 2 Minuten kochen. Mit 1 Tasse warmem Wasser ablöschen und erneut zum Kochen bringen. Zerdrückten Knoblauch, Ingwer sowie Salz zufügen und alles etwa 15 Minuten fertiggaren.
Mit Peperoni abschmecken und servieren.

Kürbis in milder Sauce
Yeduba Alicha
(Äthiopien)

für 4-5 Personen

750 g Kürbis
1 Peperoni
2 kleine, gehackte Zwiebeln
1/4 Tasse Öl
1 TL Kurkuma
1/2 Knoblauchzehe
1/4 TL gemahlener Ingwer

Getrockneter Kürbis
Duba Quanta Wet (Äthiopien)

500 g Tassen getrockneter Kürbis
2 Tomaten
2 kleine, gehackte Zwiebeln
1/4 Tasse Öl
1 EL rote Pfeffermischung (Seite 43)
1/8 l Wein oder Wasser
1/4 TL Kardamompulver
1/4 TL gemahlener Ingwer
1/4 TL Knoblauchpulver
Salz

◆ Den Kürbis halbieren, entkernen und schälen. In Scheiben schneiden und zum Trocknen auf ein sauberes Tuch oder in den Backofen geben. Die Tomaten häuten.
In einem Topf ohne Fett die Zwiebeln kurz anbraten. Öl, roten Pfeffer und Tomaten hineingeben, etwa 4 Minuten erhitzen. Wein zugießen und kurz weiterdünsten. Kürbis und Gewürze untermischen, alles 1 bis 2 Minuten kochen. 1 Tasse Wasser zugießen und zum Kochen bringen, den Kürbis 20 bis 30 Minuten fertiggaren.
Mit schwarzem Pfeffer bestreuen und abschmecken.

Mangold
Kosta (Äthiopien)

1 kg Mangold
1 Stange Porree
1 milde oder scharfe Peperoni
1/2 Tasse Öl
1 gehackte Zwiebel
3 Knoblauchzehen

◆ Den Mangold putzen, waschen und in siedendem Wasser kurz kochen. Abseihen und grob hacken. Den weißen Teil des Porrees gründlich waschen und in kleine Stücke schneiden. Die Peperoni halbieren, entkernen und in Streifen schneiden.
In einem Topf Öl erhitzen und die Zwiebel darin leicht bräunen. Porree hineingeben und kurz anbraten. Mangold, zerdrückten Knoblauch und Salz hinzufügen. Unter mehrmaligem Wenden bei mittlerer Hitze 15 bis 20 Minuten garen.
Die Peperoni zugeben und servieren.
Beilage: gewürfelte Kartoffeln

Spinat mit Eiern
Kosta Benqulal
(Äthiopien)

◆ Den Spinat verlesen, von den groben Stielen befreien, waschen und abtropfen lassen.
In einem Topf Öl erhitzen und die Zwiebeln darin bräunen. Den roten Pfeffer hineingeben und unter Rühren 3 Minuten erhitzen. Den Spinat hinzufügen und ohne Deckel 15 bis 20 Minuten kochen, bis die Flüssigkeit verdampft ist.
Kurz vor Ende der Kochzeit in einer Schüssel die Eier verschlagen und unter den Spinat mischen. Mit Salz, schwarzem Pfeffer und Kardamom abschmecken. Den Topf sofort vom Herd nehmen.

1 kg Spinat
2 EL Öl oder Gewürzbutter (Seite 44)
2 kleine, gehackte Zwiebeln
$1/4$ TL rote Pfeffermischung (Seite 43)
5 Eier
$1/4$ TL Kardamompulver

Gemüse-Bohnen
Maharagwe (Burundi)

am Vortag beginnen

◆ Die Bohnen über Nacht in Wasser einweichen. Am nächsten Tag in reichlich Wasser eine Stunde garen. Währenddessen die Kartoffeln schälen, die Tomaten vierteln, den Kohl putzen und kleinschneiden.
Die Bohnen abgießen und das Wasser auffangen.
In einem Topf Öl erhitzen, Zwiebeln und zerdrückten Knoblauch darin bräunen. Tomaten, Kohl und Gewürze hineingeben. Nach und nach das Bohnenwasser zugießen und unter Rühren 5 bis 10 Minuten erhitzen. Die Kartoffeln hinzufügen und kurz kochen. Zuletzt die Bohnen zugeben und unter gelegentlichem Rühren 15 bis 20 Minuten garen.

250 g Bohnen
4 Kartoffeln
2 Tomaten
100 g Weißkohl oder Spinat
Öl
2 gehackte Zwiebeln
2 Knoblauchzehen
$1/2$ TL Piment
Oregano
1 Lorbeerblatt
Pfeffer und Salz

Gebratener Spinat
Yekosta Tibs (Äthiopien)

für 2 Personen

250 g Spinat
2 EL Mehl
2 Eier
3 EL Milch
Öl
rote Pfeffermischung (Seite 43) oder Paprika

◆ Den Spinat verlesen, von den dicken Stielen befreien und waschen. Abtropfen lassen und grob hacken. In einer fettfreien Pfanne kurz anschmoren und abkühlen lassen.
In einer Schüssel Mehl, Salz, Eier und Milch zu einem lockeren Teig verarbeiten. Den Spinat untermischen.
In einer Pfanne Öl erhitzen und den Teig portionsweise von beiden Seiten darin braten.
Mit etwas rotem Pfeffer garnieren und sofort servieren.

Zucchini
Duba (Äthiopien)

2 Zucchini
2 Tomaten
1 kleine Zwiebel
3 EL Öl
1/4 TL rote Pfeffermischung (Seite 43)
Knoblauchzehen
1/4 TL gemahlener Ingwer
1/4 TL Kardamompulver

◆ Die Zucchini in dicke Scheiben schneiden, die Tomaten würfeln, die Zwiebel in Ringe schneiden. In einem Topf Öl erhitzen und die Zwiebelringe darin bräunen. Tomaten, roten Pfeffer, Zucchini, Salz, zerdrückten Knoblauch und Ingwer hineingeben, etwa 5 Minuten erhitzen. Bei geschlossenem Topf ohne Wasser vorsichtig 10 bis 15 Minuten köcheln, bis die Zucchini gar sind.
Mit Kardamom abschmecken.

Süßkartoffeln
Ibijumba (Ruanda)

2 Stunden Vorbereitungs- und Kochzeit

3 Süßkartoffeln
1/2 l Milch
125 g Sahne
70 g Zucker
1/2 TL Safran
1/2 TL Kardamompulver

◆ Die Süßkartoffeln schälen und in Stücke oder Scheiben schneiden. In leicht gesalzenes Wasser geben und 20 bis 25 Minuten kochen.
Das Wasser abgießen, die übrigen Zutaten bis auf das Kardamom zufügen und alles unter ständigem Rühren bei mittlerer Hitze aufkochen. Die Temperatur reduzieren und etwa eine Stunde garen, dabei gelegentlich umrühren.
Die Kartoffeln mit der Rückseite eines Holzlöffels fest gegen die Topfwand drücken, bis die Mischung eine glatte, fast dicke Konsistenz hat. Abkühlen lassen.
Mit Kardamom bestreuen und servieren.

◆ Die Zucchini in Scheiben schneiden.
Mehl, Eier, schwarzen Pfeffer und Salz mit Milch zu einem Teig verrühren. Die Zucchini hineintauchen und in Öl schwimmend von beiden Seiten 40 bis 60 Minuten backen.
Abtropfen lassen und warm servieren. Mit Cayennepfeffer bestreuen.

Gebackene Zucchini
Yeduba Tibs (Äthiopien)

2 Zucchini
200 g Mehl
2 Eier
1/8 l Milch oder Wasser
Öl zum Backen
Cayennepfeffer

◆ Den Blumenkohl putzen, waschen und in Röschen zerteilen. Die Tomaten würfeln.
In einem Topf Öl erhitzen, Zwiebeln und Knoblauch darin glasig werden lassen. Tomaten sowie Gewürze hineingeben und 3 Minuten dünsten. Den Blumenkohl zufügen und 10 Minuten kochen. Wenn nötig, etwas Wasser zugießen.
Salzen und alles bei schwacher Hitze unter häufigem Rühren 10 bis 20 Minuten garen – die Röschen dürfen nicht zerfallen.
Beilagen: ein Fleischgericht sowie Fladenbrot (Seite 49 bis 52) oder Reis

Blumenkohl in gewürzter Tomatensauce
Yeabeba Gomen Wet (Äthiopien)

700 g Blumenkohl
2 große Tomaten
5 EL Öl
2 gehackte Zwiebeln
2 gehackte Knoblauchzehen
1/4 TL rote Pfeffermischung
   (Seite 43)
1/4 TL gemahlener Ingwer
1/4 TL gehacktes Basilikum
eventuell 1/4 TL gemahlenes
   Bischofskraut
schwarzer Pfeffer

◆ 4 bis 6 Tassen Salzwasser aufkochen, Öl zugießen und das Maniokmehl langsam einrühren, bis die gewünschte Festigkeit erreicht ist. Wenn nötig, weitere 2 bis 3 Tassen kochendes Wasser zugießen. Dabei mit dem Holzlöffel gegen den Topfrand streichen. Einige weitere Minuten kochen.
Eignet sich als Beilage zu Fleischgerichten.

Varianten:
Ein ähnlicher Brei läßt sich auch aus Mais- oder Sorghum-Mehl zubereiten.

Maniokbrei
Ubugali (Ruanda)

für 4-5 Personen

4 Tassen Maniokmehl
Öl oder Gewürzbutter
   (Seite 44)

Brennesseln
Yesama Wet (Äthiopien)

für 4-5 Personen

500 g frische, junge Brennesselblätter
1/2 Tasse Gerstenmehl
1 Knoblauchzehe
1/4 TL geriebene Muskatnuß

◆ Die Brennesselblätter putzen und waschen. In siedendes Wasser geben und im offenen Topf 10 bis 15 Minuten kochen.
Abgießen, fein hacken und zurück in den Topf geben. Das Mehl mit wenig kaltem Wasser vollständig glattrühren und langsam über die Brennesseln gießen. Unter ständigem Rühren 15 Minuten kochen, bis die Masse eindickt.
Mit zerdrücktem Knoblauch, Muskat, Pfeffer und Salz würzen.

Knoblauchpfanne
Nech Schnkurt Tibs (Äthiopien)

am Vortag beginnen
für 2-3 Personen

4 Knoblauchknollen
2 Zwiebeln
1/2 Tasse Öl

Eine Knoblauchpfanne ist schnell zubereitet und besonders im Herbst beliebt, nicht nur wegen ihrer gesundheitsfördernden Wirkung.

◆ Die Knoblauchzehen herauslösen, häuten, gründlich waschen und über Nacht in Salzwasser legen.
Am nächsten Tag abgießen. Die Zwiebeln in dünne Ringe schneiden.
In einer Pfanne Öl nicht zu stark erhitzen und die Zwiebelringe darin goldgelb werden lassen. Knoblauch dazugeben und bei schwacher Hitze langsam braten. Mit Pfeffer und Salz würzen.

Variante:
Möhren schaben, dünn schneiden und mitbraten.

Gemüse mit Fleisch

Fleisch-Gemüse-Mischung
Nyama Na Mboga Mzeto (Tansania)

300 g Rindfleisch
3 Tomaten
3 Möhren
2 Paprika
$1/2$ Tasse Pflanzenöl
1 gehackte Zwiebel
2 gehackte Knoblauchzehen
$1/2$ TL Chilipulver
$1/4$ TL gemahlener Ingwer
$1/4$ TL gemahlener Koriander
1 TL Currypulver (Seite 46)
Pfeffer und Salz
75 g Joghurt

◆ Das Fleisch kleinschneiden. Die Tomaten vierteln. Die Möhren schaben, der Länge nach halbieren und kleinschneiden. Die Paprika halbieren und entkernen, das weiße Fruchtfleisch entfernen, die Schote würfeln.
In einem Topf Öl erhitzen, Zwiebel und Knoblauch darin glasig werden lassen. Die Gewürze hineingeben und 2 bis 3 Minuten weiterbraten. Das Fleisch mit 1 Tasse Wasser zugeben und zugedeckt bei schwacher Hitze 25 Minuten garen. Die Gemüse hinzufügen und weitergaren.
Mit Joghurt abschmecken.
Beilage: Maisbrei (Seite 143)

Grünkohl mit Fleisch
Habescha Gomen Besiga (Äthiopien)

$1 1/2$ Stunden Vorbereitungs- und Kochzeit
für 4-6 Personen

200 g Fleisch, eventuell mit Knochen
750 g Grünkohl
1 milde oder scharfe Peperoni
2 gehackte Zwiebeln
$1/2$ TL gemahlener Ingwer
3 Knoblauchzehen
3 EL Gewürzbutter (Seite 44) oder Butter

◆ Das Fleisch in längliche Stücke schneiden. Die Kohlblätter abstreifen, waschen und grob hacken. Die Peperoni halbieren, entkernen und in längliche Streifen schneiden.
In einem Topf ohne Fett die Zwiebeln kurz anbraten. Das Fleisch hineingeben und ebenfalls anbraten. Mit 2 Tassen warmem Wasser aufgießen und kochen. Wenn das Fleisch halbweich ist, den Kohl hinzufügen und 20 bis 30 Minuten kochen, bis die Flüssigkeit verkocht und alles zart ist.
Ingwer, zerdrückten Knoblauch, Salz und Butter dazugeben, alles bei schwacher Hitze weitere 5 bis 8 Minuten kochen.
Mit Peperoni abschmecken.

Möhren mit Fleisch
Karot Besiga (Äthiopien)

500 g Fleisch
8 Möhren
2 große Kartoffeln
1/2 Tasse Fett
2 große, gehackte Zwiebeln
1/4 TL Rosmarin
4 gehackte Knoblauchzehen
1/2 TL gemahlener Ingwer

◆ Das Fleisch in dicke Würfel schneiden. Die Möhren schaben und halbieren, die Kartoffeln schälen und vierteln.
In einem Topf Fett erhitzen und das Fleisch darin langsam anbraten. Zwiebeln, Möhren, Rosmarin, Knoblauch und Ingwer hineingeben, unter gelegentlichem Rühren bei schwacher Hitze 10 bis 15 Minuten schmoren.
Die Kartoffeln zufügen und alles 10 bis 20 Minuten fertiggaren.
Mit Pfeffer und Salz abschmecken.

Reis-Fleisch-Eintopf
Biriani (Tansania)

4 Stunden Vorbereitungs- und Kochzeit.

500 g mageres Rindfleisch
1 Chilischote
1/4 TL Safran
250 g Fett
4 Knoblauchzehen
4 gehackte Zwiebeln
1 TL gehackte Korianderblätter
1/2 TL gemahlener Ingwer
2 schwarze Pfefferkörner
1/2 TL Gewürznelken
1/2 TL Kardamompulver
1/2 TL gemahlener Zimt
2 Zitronen (Saft)

für den Reis:
2 1/4 Tassen Reis
2 Zimtstangen
4 Kardamomkapseln
1/4 TL geriebene Muskatnuß
1 Chilischote
2 Gewürznelken
1/2 TL gemahlener Koriander

◆ Den Reis mit Wasser bedecken und zwei Stunden einweichen. Währenddessen das Fleisch in große Würfel schneiden. Die Chili halbieren, entkernen und fein schneiden. Das Safran mit 2 EL heißem Wasser vermischen und zur Seite stellen.
In einem Topf 150 g Fett erhitzen. Die Hälfte des zerdrückten Knoblauchs und der Zwiebeln, das Fleisch, Chili, Koriander, Ingwer, Pfeffer, Nelken und Kardamom hineingeben. Bei schwacher Hitze 15 bis 20 Minuten kochen.
Währenddessen 5 Tassen Wasser zum Kochen bringen. Den Reis mit allen Gewürzen hineingeben, salzen und halb garen. In ein Sieb gießen, das Kochwasser auffangen und den Reis abkühlen lassen.
Die Fleischmischung mit Zimt, Zitronensaft und Salz abschmecken. In einem großen Topf 100 g Fett erhitzen, restliche Zwiebeln und zerdrückten Knoblauch 1 Minute darin braten. Das Fleisch mit dem Reis hineingeben, wenn nötig, Kochwasser zugießen. Kurz danach mit dem Safranwasser übergießen und unter gelegentlichem Rühren 15 bis 20 Minuten garen.

◆ Das Fleisch würfeln, die Kartoffeln schälen und vierteln.
Butter zerlassen und die Zwiebeln darin bräunen. Roten Pfeffer zugeben, mit etwas Wasser ablöschen. Fleisch hinzufügen und 15 Minuten braten. Gewürze sowie Kartoffeln untermischen und alles weitere 5 bis 8 Minuten braten. Mit 2 Tassen Wasser aufgießen und etwa 30 Minuten fertigkochen.
Mit Salz abschmecken.

Variante:
30 Minuten vor Ende der Kochzeit Tomatenmark oder gehäutete Tomaten zugeben.

Gebratene Kartoffeln mit Fleisch
Dinich Bisega (Äthiopien)

150 g Rindfleisch
5 Kartoffeln
$1/2$ Tasse Gewürzbutter (Seite 44) oder Öl
2 gehackte Zwiebeln
1 EL rote Pfeffermischung (Seite 43)
2 zerdrückte Knoblauchzehen
$1/4$ TL gemahlener Schwarzkümmel
$1/4$ TL gemahlener Ingwer

◆ Das Fleisch in Streifen schneiden. Den Kohlkopf vierteln und den Strunk entfernen, den Weißkohl grob schneiden, waschen und abtropfen lassen. Die Möhren schaben und der Länge nach vierteln, Kartoffeln schälen und vierteln. Die Zwiebel in Ringe schneiden. Die Peperoni halbieren, entkernen und in Streifen schneiden.
In einem Topf Öl erhitzen und die Zwiebelringe darin glasig werden lassen. Das Fleisch hineingeben und mitbraten. Den Kohl zufügen und 20 Minuten kochen.
Möhren, Knoblauch, Ingwer, Kurkuma sowie Salz dazugeben und etwa 5 Minuten kochen. Die Kartoffelstücke ebenfalls in den Topf geben und alles bei schwacher Hitze unter gelegentlichem Wenden 15 bis 20 Minuten garen.
Mit Peperoni abschmecken.

Weißkohl mit Fleisch
Gomen Besiga (Äthiopien)

für 4-6 Personen

250 g Fleisch
1 kleiner Weißkohl
3 Möhren
2 Kartoffeln
1 Zwiebel
1 milde oder scharfe Peperoni
$1/2$ Tasse Öl
$1/2$ TL gehackter Knoblauch
$1/4$ TL gemahlener Ingwer
1 TL Kurkuma

Grüne Bohnen mit Fleisch
Foseliya Besiga (Äthiopien)

1 1/2 Stunden Vorbereitungs- und Kochzeit

150 g Fleisch
500 g grüne Bohnen
3 Möhren
2 Zwiebeln
1 große Tomate
3/4 Tasse Öl
4 Knoblauchzehen
1/2 TL Rosmarin
1/2 TL gemahlener Ingwer
1/4 TL Kardamompulver
Salz

◆ Das Fleisch fein würfeln, die Bohnen in Stücke von 5 cm Länge schneiden. Die Möhren schaben und der Länge nach vierteln, die Zwiebeln in Ringe schneiden, die Tomate häuten.
Fleisch, Bohnen und Möhren nacheinander ohne Fett kurz anbraten. Zur Seite stellen.
In einem Topf Öl erhitzen und die Zwiebelringe darin bräunen. Die Bohnen hineingeben und rösten, bis sie eine gelbliche Farbe annehmen. Das Fleisch hinzufügen und halbweich dünsten. Die Möhren zugeben und unter gelegentlichem Wenden 10 Minuten dünsten. Tomate, zerdrückten Knoblauch und Gewürze beifügen, alles weitere 10 Minuten kochen.

Variante:
Mit den Möhren Kartoffeln hinzufügen und kochen.

Schweinefleisch mit Bohnen
Kande Za Nazi (Tansania)

am Vortag beginnen

200 g Bohnen
250 g Schweinefleisch
2 feingehackte Zwiebeln
200 g Mais aus der Dose
1/2 l Kokosmilch
1/2 TL Chilipulver
Pfeffer und Salz

◆ Die Bohnen über Nacht in Wasser einweichen. Am nächsten Tag in reichlich Wasser eine Stunde garen. Abgießen und zur Seite stellen. Das Fleisch in kleine Würfel schneiden.
In einem Topf mit etwas Wasser Fleisch und Zwiebeln bei schwacher Hitze 5 bis 6 Minuten kochen. Die restlichen Zutaten hineingeben und alles weitere 10 Minuten garen.

Fleisch

Zubereitung von Hammelfleisch in Dire Dawa, Äthiopien. An Mohammeds Geburtstag werden dort alljährlich bedürftige Menschen von den besser gestellten zum Essen eingeladen.

Mildes geröstetes Fleisch, äthiopisches Tartar und Käse. (Vgl. Rezepte Seite 106 und 108)

Grüne-Bohnen-Gericht. (Vgl. Rezept Seite 80)

Fleischtopf
Siga Key Wet (Äthiopien)

für 3-4 Personen

500 g Rind-, Kalb- oder
 Lammfleisch mit Knochen
1 Tasse dünne Zwiebelringe
1/4 Tasse rote
 Pfeffermischung (Seite 43)
1 Tasse Gewürzbutter
 (Seite 44) oder Butter
1/8 l Wein oder Met
1/4 TL gemahlener Ingwer
1/4 TL Knoblauchpulver

◆ Das Fleisch in gleichmäßige Würfel schneiden. In einem Topf ohne Fett die Zwiebelringe kurz anbraten. Das Fleisch mit Knochen hineingeben und 10 Minuten anbraten. Roten Pfeffer, Butter und Wein dazugeben. Mit Ingwer, Knoblauch und Salz würzen, 5 bis 10 Minuten rühren. Mit 1 1/2 Tassen Wasser aufgießen und kochen, bis das Fleisch gar ist.
Mit 1/2 TL schwarzem Pfeffer abschmecken.
Beilage: Fladenbrot (Seite 49 bis 52) oder Reis

Lamm- oder Kalbsbraten
Lega Tibs (Äthiopien)

für 3-4 Personen

500 g Kalb- oder
 Lammfleisch
2 Zwiebeln
2 Tomaten
2 milde oder scharfe
 Peperoni
1 EL Öl
Rosmarin

◆ Das Fleisch in Streifen schneiden und leicht klopfen. Die Zwiebeln in dünne Ringe schneiden, die Tomaten häuten. Die Peperoni halbieren, entkernen und in Streifen schneiden.
In einem Topf ohne Fett die Zwiebelringe kurz anbraten. Öl hineingeben und das Fleisch mitbraten. Tomaten sowie Rosmarin zufügen und etwa 4 Minuten anrösten.
Mit Pfeffer und Salz bestreuen. Mit Peperoni abschmecken und sofort servieren.

Ziegenfleischspieße
Brochettes (Ruanda)

4-5 Stunden marinieren
für 6-8 Personen

1 kg Ziegenfleisch
3 Knoblauchzehen
1 TL Paprika oder
   1/2 TL Cayennepfeffer
1/2 TL Majoran
1/2 TL Senf
1/2 TL gehacktes Basilikum
schwarzer Pfeffer, Salz
Öl

◆ Das Fleisch grob würfeln. In einer Schüssel den zerdrückten Knoblauch mit allen Zutaten vermischen. Die Fleischwürfel in dieser Marinade wenden und vier bis fünf Stunden darin einlegen.
Auf Spieße stecken und über einem Holzkohlenfeuer 10 bis 20 Minuten grillen.
Beilage: gebratene Bananen

Gestaubtes Fleisch
Minchet Abesh Alicha (Äthiopien)

für 3-4 Personen

500 g Hackfleisch
1 Tasse feingehackte
   Zwiebeln
1 Tasse Gewürzbutter
   (Seite 44) oder Butter
3 Knoblauchzehen
1/2 TL gemahlener Ingwer
1/8 l Met oder Weißwein
1 TL Erbsenmehl (Seite 44
   oder 45)
2 Peperoni
1/2 TL Kurkuma

◆ In einem Topf ohne Fett die Zwiebeln kurz anbraten. Das Fleisch hineingeben und unter kräftigem Rühren etwa 4 Minuten braten. Butter, zerdrückten Knoblauch, Ingwer sowie Met zufügen und salzen. Wenn die Sauce flüssig wird, das Erbsenmehl mit 1 Tasse Wasser anrühren und hinzufügen. Aufkochen und unter gelegentlichem Rühren 15 bis 20 Minuten köcheln.
Die Peperoni halbieren, entkernen und in Streifen schneiden. Kurkuma in die Sauce rühren, mit Peperoni abschmecken.

◆ Das Fleisch in Streifen schneiden und in einer fettfreien Pfanne anbraten.
In einem Topf ohne Fett die Zwiebelringe kurz anbraten. Butter, roten Pfeffer und Kümmel hineingeben, 1 bis 2 Minuten rühren. Wein unterrühren und 1 bis 2 Minuten erhitzen. Das Fleisch hinzufügen und anbraten. Mit 1 Tasse Wasser aufgießen und zugedeckt kochen. Die Gewürze hinzufügen, die Temperatur reduzieren und alles unter gelegentlichem Rühren 15 bis 20 Minuten garen, bis das Fleisch zart ist.
Mit schwarzem Pfeffer abschmecken.
Beilage: Fladenbrot (Seite 49 bis 52) oder Reis mit Joghurt

Geröstetes Fleisch
Yetibs Wet (Äthiopien)

für 3-4 Personen

500 g Rind-, Kalb- oder Lammfleisch
1 Tasse Zwiebelringe
1 Tasse Gewürzbutter (Seite 44) oder Butter
$1/4$ Tasse rote Pfeffermischung (Seite 43)
$1/2$ TL gemahlener Schwarzkümmel
$1/8$ l Wein oder Met
$1/2$ TL gemahlener Ingwer
$1/4$ TL Knoblauchpulver
$1/4$ TL Kardamompulver
$1/4$ TL Gewürznelkenpulver
schwarzer Pfeffer, Salz

◆ Das Fleisch fein hacken. Die Tomaten häuten.
In einem Topf die Butter zerlassen und die Zwiebeln darin goldgelb werden lassen. Roten Pfeffer, Tomaten und Kümmel hineingeben, etwa 4 Minuten braten. Ingwer, Knoblauch, Basilikum sowie das Fleisch hinzufügen und 5 Minuten gut anbraten. Mit wenig Wein aufgießen und alles 20 bis 30 Minuten köcheln.
Salzen und mit Tomatenmark verfeinern.

Sauce mit getrocknetem Fleisch
Yequanta Wet (Äthiopien)

$1 1/2$ Tassen getrocknetes Fleisch (Rind oder Lamm)
2 Tomaten
$1/4$ Tasse Gewürzbutter (Seite 44) oder Butter
2 feingehackte Zwiebeln
1 TL rote Pfeffermischung (Seite 43)
1 TL gemahlener Schwarzkümmel
$1/4$ TL gemahlener Ingwer
$1/2$ TL gehackter Knoblauch
$1/4$ TL gehacktes Basilikum
Wein oder Wasser
1 EL Tomatenmark

Rindfleisch-Curry
(Somalia)

1½ Stunden Vorbereitungs- und Kochzeit
für 3-4 Personen

500 g Rindfleisch
Öl
1 gehackte Zwiebel
½ TL gemahlener Ingwer
1 TL gemahlener Schwarzkümmel
½ TL Cayennepfeffer
2 TL gemahlener Koriander
½ TL schwarzer Pfeffer
1 TL Kurkuma
½ TL gemahlener Zimt
½ TL Gewürznelken
¼ TL Kardamompulver
1 Zitrone (Saft und abgeriebene Schale)
2 Tassen Fleischbrühe

◆ Das Fleisch würfeln.
In einem Topf Öl erhitzen und die Zwiebel darin bräunen. Nach und nach alle Gewürze unter ständigem Rühren hineingeben, bei schwacher Hitze etwa 4 Minuten anrösten. Zitronensaft, -schale und Brühe unterrühren, zum Kochen bringen. Das Fleisch hinzufügen und zugedeckt eine Stunde schmoren. Wenn nötig, etwas Wasser zugießen.
Beilage: Reis

Fleisch in Erbsenmehl
Doyyo (Äthiopien)

für 2 Personen

250 g Fleisch mit Knochen
½ Tasse gehackte Zwiebeln
2 TL rote Pfeffermischung (Seite 43)
½ Tasse Erbsenmehl (Seite 44 oder 45)
¼ TL gemahlener Ingwer
¼ TL gehackter Knoblauch
¼ TL Kardamompulver
2 EL Gewürzbutter (Seite 44) oder Butter

Doyyo wird meist täglich serviert, da man das Fleisch vom Vortag verwenden kann.

◆ In einem Topf ohne Fett die Zwiebeln kurz anbraten. Das Fleisch mit Knochen und rotem Pfeffer ebenfalls hell anbraten. Mit 3 Tassen Wasser aufgießen und aufkochen. Unter kräftigem Rühren langsam mit Erbsenmehl bestreuen, so daß keine Klümpchen entstehen. Mit Ingwer, Knoblauch und Kardamom würzen, die Temperatur reduzieren und halb zugedeckt 25 bis 30 Minuten kochen, bis das Fleisch gar ist.
Mit Butter und Salz abschmecken.

Fleischbällchen in scharfer Sauce
Debelbel Siga Wet (Äthiopien)

für 3-4 Personen

500 g Hackfleisch
2 Eier
Gewürznelkenpulver
gemahlener Zimt
Öl

für die Sauce:
1 Tasse feingehackte Zwiebeln
1/4 Tasse rote Pfeffermischung (Seite 43)
1/4 Tasse Gewürzbutter (Seite 44) oder Butter
1/4 TL gemahlener Schwarzkümmel
1 Prise Gewürznelkenpulver
gemahlener Zimt
1/4 TL gemahlener Ingwer
1/4 TL Kardamompulver
2 zerdrückte Knoblauchzehen
Salz
2 Tassen Wein oder Wasser

◆ In einer Schüssel das Hackfleisch mit Eiern, einer Prise Nelken, Zimt, 1/2 TL schwarzen Pfeffer und Salz zu einer festen Masse verarbeiten. Mit angefeuchteten Händen kleine, gleichmäßige Kugeln formen.
In einer Pfanne Öl erhitzen und die Kugeln portionsweise von allen Seiten darin goldbraun anbraten. Herausnehmen und abtropfen lassen.
Für die Sauce in einem Topf ohne Fett die Zwiebeln kurz anbraten. Nach und nach roten Pfeffer, Butter und Gewürze hineingeben, etwa 4 Minuten braten. Häufig umrühren, mit Wein ablöschen und aufkochen. Die Fleischbällchen vorsichtig in den Topf legen und alles bei schwacher Hitze 10 Minuten köcheln.
Mit schwarzem Pfeffer abschmecken und warm servieren.

Überbackener Fleischtopf
Mwoko Nyama Mzeto (Tansania)

1 1/2-2 Stunden
Vorbereitungs- und
Kochzeit
für 3-4 Personen

500 g Ziegenfleisch
4 große Kartoffeln
Öl
1 gehackte Zwiebel
1 TL gemahlener Ingwer
1 TL Currypulver (Seite 46)
1/2 TL Gewürznelkenpulver
Pfeffer und Salz

für die Kruste:
100 g Mehl
50 g Margarine
2 EL Öl

◆ Das Fleisch kleinschneiden. Die Kartoffeln schälen und würfeln.
In einer Pfanne Öl erhitzen und die Zwiebel darin bräunen. Das Fleisch mit den Gewürzen hinzufügen und 12 bis 15 Minuten bräunen. 1 Tasse Wasser zugießen und alles zugedeckt 30 bis 45 Minuten schmoren.
Währenddessen die Kartoffeln in Salzwasser 15 Minuten kochen. Für die Kruste in einer Pfanne alle Zutaten gut verrühren und erhitzen, dann abkühlen lassen. Die Kartoffeln abgießen und zur Seite stellen.
Das Fleisch mit den Kartoffeln in eine feuerfeste Form geben. Mit dem Krustenteig bedecken und im Ofen 15 bis 20 Minuten backen.

Fleischbraten in Kardamom-Sauce
Yesiga Tibs (Äthiopien)

für 4-5 Personen

500-700 g Kalbfleisch
1 große, gehackte Zwiebel
1/4 Tasse Gewürzbutter
   (Seite 44) oder Butter
2 TL rote Pfefferpaste
   (Seite 43)
1/2 Tasse Rotwein oder Met
1/2 TL Kardamompulver
3 Knoblauchzehen

◆ Das Fleisch würfeln.
In einem Topf ohne Fett die Zwiebel kurz anbraten. Butter und Pfefferpaste hineingeben. Nach und nach den Wein zugießen und unter ständigem Rühren etwa 4 Minuten kochen. Das Fleisch hinzufügen, die Temperatur sofort reduzieren. Kardamom, zerdrückten Knoblauch, schwarzen Pfeffer und Salz vermischen, zum Fleisch geben und alles weitere 5 bis 8 Minuten braten.

◆ Zerdrückten Knoblauch, Kokosraspel, eine Prise Safran, Koriander, Kümmel, Ingwer und 1/4 TL Pfeffer mit 1 EL Wasser zu einer Paste verrühren und zur Seite stellen.
Die Tomaten würfeln. Die Peperoni halbieren, entkernen und fein schneiden. Die Erdnüsse rösten und mahlen.
In einem Topf Öl erhitzen. Zimt, Nelken und Kardamom hineingeben, zugedeckt kurz anrösten. Das Fleisch hinzufügen und anbräunen. Zwiebel und Tomaten zugeben, kurz mitbraten. Die Paste, Erdnüsse und Peperoni unterrühren, wenig Wasser zugießen und alles zugedeckt bei schwacher Hitze 25 bis 30 Minuten kochen.
Mit Pfeffer und Salz abschmecken.

Pikante Fleischsauce
Masala (Somalia)

für 3-4 Personen

500 g Hackfleisch vom Rind
1 Knoblauchzehe
1 Tasse Kokosraspel
Safran
1 TL gehackte
    Korianderblätter
1/2 TL gemahlener
    Schwarzkümmel
1 TL gemahlener Ingwer
2 Tomaten
1 grüne oder rote Peperoni
1 Tasse Erdnußkerne
Öl
2 Zimtstangen
3 Gewürznelken
3 Kardamomkapseln
1 gehackte Zwiebel

Diese Speise wurde meist nach dem Schlachten zum Frühstück oder Mittagessen gereicht.

◆ Das Blut rasch und tüchtig mit dem Schneebesen schlagen. Das Fleisch kleinschneiden. Die Peperoni halbieren, entkernen und hacken.
In einem Topf Öl erhitzen und die Zwiebel darin leicht bräunen. Blut, Salz, Pfeffer und Kardamom hineingeben. Das Fleisch zufügen und gar kochen. Zuletzt Butter sowie Peperoni hinzufügen und abschmecken. Sofort servieren.

Blut
Yedem Ribs (Äthiopien)

1 l Blut
100 g Lammfleisch
2 milde oder scharfe
    Peperoni
1 EL Öl
1 gehackte Zwiebel
1/4 TL Kardamompulver
2 EL Gewürzbutter (Seite 44)
    oder Butter

Röstfleisch mit äthiopischem Wodka
Tibs Bekatikala (Äthiopien)

für 3-4 Personen

500 g Kalb- oder Lammfleisch
2 milde oder scharfe Peperoni
5 zerdrückte Knoblauchzehen
1 TL gemahlener Ingwer
1-2 feingehackte Zwiebeln
2-3 EL Katikala (äthiopischer Wodka)
3 EL Gewürzbutter (Seite 44) oder Butter
1/2 TL Rosmarin
1/2 TL rote Pfefferpaste (Seite 43)
schwarzer Pfeffer, Salz

◆ Das Fleisch gleichmäßig würfeln. Die Peperoni halbieren, entkernen und fein hacken. In einer Schüssel die übrigen Zutaten mit den Peperoni gut vermischen und etwa 4 Minuten ziehen lassen.
In einem Topf ohne Fett das Fleisch gut durchbraten. Die Mischung hineingeben und unter mehrmaligem Wenden 1 Minute mitbraten.
Abschmecken und warm servieren.

Fleisch in Kurkuma
Yesiga Alicha (Äthiopien)

für 3-4 Personen

500 g Fleisch, eventuell mit Knochen
1 milde oder scharfe Peperoni
1/2 Tasse Zwiebelringe
1/2 Tasse Gewürzbutter (Seite 44) oder Butter
1/2 TL gemahlener Ingwer
3 Knoblauchzehen
1/4 TL Kurkuma

◆ Das Fleisch in fingerdicke Streifen schneiden. Die Peperoni halbieren, entkernen und in längliche Streifen schneiden.
In einem Topf ohne Fett die Zwiebelringe kurz anbraten. Das Fleisch mit Knochen hineingeben und 10 bis 15 Minuten erhitzen. Wenn nötig, etwas Wasser zugießen. Butter, Ingwer, zerdrückten Knoblauch sowie Salz hinzufügen und das Fleisch darin wenden. Mit 1 1/2 Tassen Wasser ablöschen und 20 bis 30 Minuten köcheln.
Mit Kurkuma bestreuen und mit Peperoni abschmecken.

◆ Das Fleisch grob würfeln. Die Peperoni halbieren, entkernen und fein hacken.
In einer Schüssel die übrigen Zutaten mit den Peperoni gut vermischen. Das Fleisch in dieser Marinade wenden und sechs Stunden darin einlegen, dabei gelegentlich wenden.
Die Fleischwürfel auf Spieße stecken und über Holzkohlenfeuer grillen.

Fleischspieße
Moushkaki (Somalia)

6 Stunden marinieren
für 6-8 Personen

1 kg Lamm- oder Rindfleisch
1 rote Peperoni
4 zerdrückte Knoblauchzehen
$1/2$ TL gemahlener Ingwer
3 Zitronen (Saft)
$1/2$ TL Pfeffer
Salz

Qwalima verwendet man entweder frisch für eine Sauce oder trocknet sie an einem luftigen Platz. Roh oder leicht geröstet, werden sie kleingeschnitten und bilden eine schmackhafte Zwischenmahlzeit.

◆ Das Fleisch mit den übrigen Zutaten gut vermischen. Den Saitling gründlich reinigen und mit der Mischung füllen. Kleine Stücke abbinden, abschneiden und zur Seite legen.
Für die Sauce in einem Topf ohne Fett die Zwiebeln kurz anbraten. Butter sowie roten Pfeffer hineingeben und 5 Minuten erhitzen. Die Tomaten häuten und kleinschneiden. Mit den anderen Zutaten zufügen und kochen. Die Qwalima hineinrühren und schließlich mit $1 1/2$ Tassen warmem Wasser aufgießen. Den Topf schließen und alles weitere 20 Minuten garen.

Die Sauce läßt sich auch ohne roten Pfeffer zubereiten.

Gefülltes Fleisch in scharfer Sauce
Qwalima (Äthiopien)

für 2 Personen

250 g Hackfleisch von Lamm
  oder Kalb
etwas gehackter Knoblauch
etwas gemahlener Ingwer
$1/4$ TL Kardamompulver
1 EL Gewürzbutter (Seite 44)
  oder Butter
schwarzer Pfeffer, Salz
1 Saitling

für die Sauce:
2 gehackte Zwiebeln
1 EL Gewürzbutter oder
  Butter
1 EL rote Pfeffermischung
  (Seite 43)
2 Tomaten
$1/4$ TL Knoblauchpulver
$1/4$ TL Gewürznelken
$1/4$ TL gemahlener Ingwer
schwarzer Pfeffer, Salz

Mildes geröstetes Fleisch
Alicha Tibs Wet (Äthiopien)

für 3-4 Personen

450 g Rind-, Kalb- oder Lammfleisch
2 große Zwiebeln
1 milde oder scharfe Peperoni
$1/2$ Tasse Gewürzbutter (Seite 44) oder Butter
3 Knoblauchzehen
$1/2$ TL gemahlener Ingwer
1 Tasse Weißwein, Met oder Wasser
$1/4$ TL Kurkuma

◆ Das Fleisch in 2 cm dicke Streifen schneiden und in einer fettfreien Pfanne anbraten. Die Zwiebeln in Ringe schneiden. Die Peperoni halbieren, entkernen und in Streifen schneiden.
In einem Topf ohne Fett die Zwiebelringe kurz anbraten. Butter, Fleisch, zerdrückten Knoblauch, Ingwer, Pfeffer und Salz hineingeben, alles 3 Minuten anbraten. Mit Wein aufgießen und zugedeckt bei mittlerer Hitze 20 bis 30 Minuten garen, bis das Fleisch zart ist.
Mit Kurkuma bestreuen und mit Peperoni abschmecken.

Hammelkeule
Yebeg Infille (Äthiopien)

2 Stunden Vorbereitungs- und Kochzeit
für 5-6 Personen

1 Hammelkeule mit Knochen (etwa 2 kg)
1 Tasse feingehackte Zwiebeln
$1/2$ Tasse Gewürzbutter (Seite 44) oder Butter
1 EL rote Pfefferpaste (Seite 43)
1 TL gemahlener Schwarzkümmel
1 Tasse Wein oder Met
4 zerdrückte Knoblauchzehen
$1/4$ TL gemahlener Ingwer
$1/4$ TL Kardamompulver
1 Prise Gewürznelkenpulver

Ein Gericht für besondere Anlässe.

◆ Das Fleisch in lange Streifen schneiden, aber nicht von den Knochen trennen, und in einer fettfreien Pfanne anbraten.
In einem großen Topf ohne Fett die Zwiebeln kurz anbraten. Butter, Pfefferpaste, Kümmel und, wenn nötig, etwas Wasser hineingeben, 5 Minuten erhitzen. Den Wein mit den Gewürzen beifügen und alles 8 bis 10 Minuten kochen.
$2^{1}/2$ Tassen Wasser zugießen und bei geschlossenem Topf aufkochen. Das Fleisch mit Knochen hineingeben und bei schwacher Hitze 20 bis 30 Minuten köcheln.
Mit schwarzem Pfeffer und Salz abschmecken. Vor dem Servieren etwas abkühlen lassen.

◆ Die Tomaten häuten und fein hacken.
In einem Topf ohne Fett die Zwiebeln kurz anbraten. Roten Pfeffer, Tomaten sowie etwas Wasser hineingeben und erhitzen. Die Butter hinzufügen.
Unter ständigem Rühren Fleisch, Gewürze und 1 Tasse Wasser zugeben, zugedeckt etwa 30 Minuten kochen.
Mit Salz abschmecken.

Fleisch in Tomatensauce
Zigni (Äthiopien)

für 4-5 Personen

500-700 g mageres
　Hackfleisch
2 Tomaten oder
　1 TL Tomatenmark
150 g feingehackte Zwiebeln
1/4 Tasse rote Pfeffer-
　mischung (Seite 43)
2 EL Gewürzbutter (Seite 44)
　oder Butter
1/4 TL Kardamompulver
1/4 TL gemahlener Ingwer
eventuell 1/4 TL gemahlenes
　Bischofskraut
3 zerdrückte
　Knoblauchzehen

◆ Das Fleisch in feine Würfel schneiden. Die Tomaten würfeln.
In einem großen Topf Öl erhitzen und das Fleisch darin anbraten. Die Zwiebel hinzufügen und kurz bräunen. Tomaten zugeben und unter ständigem Rühren weitere 3 Minuten braten.
Die Petersilie mit den Gewürzen im Mörser fein zerstoßen und mit etwas Wasser verdünnen. Mit Tomatenmark und Reis unter das Fleisch rühren.
Unter Rühren 3 Tassen Wasser zugießen und aufkochen. Den Topf schließen und alles bei mittlerer Hitze etwa 30 Minuten fertiggaren.

Reis mit Lammfleisch
Skudahkharis (Somalia)

für 3-4 Personen

500 g Lammschulter ohne
　Knochen
2 Tomaten
8 EL Öl
1 gehackte Zwiebel
2 gehackte Petersilienstengel
1 zerdrückte Knoblauchzehe
1 TL Kreuzkümmel
1 TL gemahlener Zimt
3 Gewürznelken
3 Kardamomsamen
Salz
80 g Tomatenmark
200 g Reis

Äthiopisches Tatar
Kitfo

500-700 g Rinderfilet
2 milde oder scharfe
 Peperoni
250 g Gewürzbutter
 (Seite 44) oder Butter
1 TL Cayennepfeffer
1 TL Kardamompulver

Kitfo ist ein bekanntes äthiopisches Gericht.

◆ Das rohe Fleisch fein hacken. Die Peperoni halbieren, entkernen und in längliche Streifen schneiden.
In einem Topf die Butter bei schwacher Hitze zerlassen. Salz, Cayennepfeffer, Kardamom und $1/4$ TL schwarzen Pfeffer hineingeben. Den Topf vom Herd nehmen, das Fleisch untermischen und abschmecken. Mit Peperoni garnieren und servieren.
Beilagen: hausgemachter Käse (Seite 150)

Fleisch in Bockshornklee
Abish Wet (Äthiopien)

für 3-4 Personen

500 g Hackfleisch
2 feingehackte Zwiebeln
1 EL rote Pfefferpaste
 (Seite 43)
$1/2$ Tasse Gewürzbutter
 (Seite 44) oder Butter
1 TL gemahlener Ingwer
1 TL gehackter Knoblauch
1 TL gemahlene
 Bockshornkleesamen
1 TL Kardamompulver

◆ In einem Topf ohne Fett die Zwiebeln kurz anbraten. Pfefferpaste, Butter, Fleisch, Ingwer und Knoblauch hineingeben, bräunen. Nach und nach Bockshornklee mit wenig Wasser hinzufügen, 3 Minuten braten. Kardamom sowie Salz einrühren und alles unter ständigem Rühren weitere 1 bis 2 Minuten braten. Mit $1 1/2$ Tassen warmem Wasser aufgießen und 25 bis 35 Minuten kochen.

Rippen
Yegoden Tibs (Äthiopien)

8 Rippenstücke vom Lamm
100 g Fleisch
1 große Zwiebel
Öl
1 EL Gewürzbutter (Seite 44) oder Butter
1 frischer Rosmarinzweig
nach Geschmack: 1 milde oder scharfe Peperoni

◆ Die Rippenstücke mit einem scharfen Messer am Knochen entlang längs und quer einschneiden. Das Fleisch würfeln, die Zwiebel in Ringe schneiden.
In einer Pfanne etwas Öl erhitzen und die Rippen mit der Fleischseite nach unten darin anbraten. Ist die untere Seite gebräunt, die Rippen wenden. Das Fleisch mit den Zwiebelringen zufügen und etwa 4 Minuten braten – die Zwiebel wird knuspriger, wenn man sie während des Bratens leicht salzt. Zuletzt Butter und Rosmarinblätter zugeben, mit Peperoni abschmecken.
Warm servieren.
Beilagen: Fladenbrot (Seite 49 bis 52), rote Pfefferpaste (Seite 43)

Rippen werden traditionellerweise mit den Händen gegessen.

Fleisch mit Hülsenfrüchten
Bozena Shiro (Äthiopien)

für 3-4 Personen

250 g Hackfleisch
$1/2$ Tasse Gewürzbutter (Seite 44) oder Öl
1 Tasse feingehackte Zwiebeln
$1/2$ Tasse Erbsenmehl (Seite 44 oder 45)
$1/2$ TL gemahlener Ingwer
$1/4$ TL Knoblauchpulver
Basilikumblätter

◆ In einem Topf Butter zerlassen und die Zwiebeln darin bräunen. 3 Tassen Wasser zugießen und aufkochen. Langsam das Erbsenmehl einrühren, so daß keine Klümpchen entstehen, und zum Kochen bringen. Unter kräftigem Rühren das Hackfleisch zugeben, mit Ingwer, Knoblauch und Basilikum würzen. Die Temperatur reduzieren und alles unter gelegentlichem Rühren 15 bis 20 Minuten kochen, bis die Masse etwas eindickt und sich Butter an der Oberfläche absetzt.
Mit Salz abschmecken.

Fleischfladen
Comboflatcake
(Tansania)

für 8 Stück

3 Kartoffeln
3 Möhren
250 g Corned beef
50 g Weizenmehl
1 TL Backpulver
2 EL Zucker
1 TL Currypulver (Seite 46)
1/2 TL gemahlener Zimt
Salz
1/8 l Milch
1 Ei
4 EL Öl

◆ Kartoffeln und Möhren schälen sowie fein raspeln. Das Corned beef fein schneiden, mit Kartoffeln und Möhren in einer Schüssel vermischen. Das Mehl mit den übrigen Zutaten außer dem Öl vermengen, zugeben und gut verrühren. Die Masse zu Fladen formen.
In einer Pfanne etwas Öl erhitzen, die Fladen portionsweise hineinlegen und mit einem Holzlöffel leicht flachdrücken. Bei mittlerer Hitze von beiden Seiten braun braten.
Auf Küchenpapier abtropfen lassen.

Geschnittener Lamm- oder Kalbsbraten
Zelzel Tibs (Äthiopien)

für 6-8 Personen

1 kg Lamm- oder Kalbfleisch
2 Zwiebeln
1 milde oder scharfe Peperoni
2 EL Gewürzbutter (Seite 44) oder Butter
1 frischer Rosmarinzweig

◆ Das Fleisch in 10 bis 12 cm lange Streifen schneiden – dabei das Fett nicht vollständig entfernen, damit das Fleisch beim Braten schmackhaft bleibt. Die Zwiebeln in Ringe schneiden. Die Peperoni halbieren, entkernen und in längliche Streifen schneiden.
In einem Topf ohne Fett das Fleisch 2 bis 3 Minuten anbraten. Die Zwiebelringe zugeben und mitbraten. Butter, Rosmarinblätter und Salz zufügen, 3 bis 5 Minuten erhitzen. Kurz vor dem Herausnehmen mit Peperoni belegen und mit Pfeffer abschmecken.
Beilagen: Fladenbrot (Seite 49 bis 52) und rote Pfefferpaste (Seite 43)

Variante:
1 Minute vor Ende der Kochzeit das Fleisch mit Tomatenscheiben belegen.

◆ Das Fleisch mit einer scharfen Messerspitze zehnmal einstechen und mit den Knoblauchzehen spicken.
In einer Pfanne Fett erhitzen und das Fleisch darin anbräunen. Bei verringerter Hitze 30 Minuten braten, dabei gelegentlich mit etwas heißem Wasser übergießen.
Zwiebeln, Rosmarinblätter, Kardamom sowie Salz beifügen und alles weitere 30 bis 60 Minuten braten – ab und zu wenden und nur mit so wenig Wasser begießen, daß das Fett nicht verbrennt.
Das Fleisch auf einer großen Platte anrichten und mit Beilagen garnieren – oder in dicke Scheiben schneiden und portionsweise auf Teller verteilen.
Beilagen: Salzkartoffeln oder Brot und grüne Bohnen

Lammkeule
Yebeg Eger Tibs (Äthiopien)

2 Stunden Vorbereitungs- und Kochzeit
für 6 Personen

1 Lammkeule mit Knochen
10 Knoblauchzehen
2 Tassen Fett
2 große, gehackte Zwiebeln
2 frische Rosmarinzweige
$1/4$ TL Kardamompulver

◆ Das Fleisch fein hacken.
In einem Topf die Butter bei schwacher Hitze zerlassen. Salz, Cayennepfeffer, schwarzen Pfeffer und Kardamom hineingeben. Das Fleisch zufügen, unterrühren und 3 bis 4 Minuten anbraten – es soll außen braun und innen rosa sein.
Beilage: Hüttenkäse

Beeftatar
Kitfo Lebleb (Äthiopien)

für 3-4 Personen

500 g mageres Rindfleisch
1 EL Gewürzbutter (Seite 44) oder Butter
$1/4$ TL Cayennepfeffer
$1/4$ TL Kardamompulver

Hackfleischtopf
Minchet Abesh Wet (Äthiopien)

2 Tassen Hackfleisch
2 große, feingehackte Zwiebeln
nach Geschmack:
　1/2 TL gemahlene Bockshornkleesamen
1/8 Tasse rote Pfeffermischung (Seite 43)
1 Tasse Gewürzbutter (Seite 44) oder Butter
4 zerdrückte Knoblauchzehen
1/4 TL Kardamompulver
1/4 TL gemahlener Ingwer
1/4 TL Gewürznelkenpulver
1/4 l Met, Wein oder Wasser
1 TL Erbsenmehl (Seite 44 oder 45)

◆ In einem Topf ohne Fett Zwiebeln und eventuell Bockshornklee kurz anbraten. Etwas Wasser zugießen, den roten Pfeffer einrühren und weiterbraten, bis er etwas milder wird. Butter, Gewürze, Met sowie Fleisch hineingeben und gut rühren. Zugedeckt 20 Minuten kochen.
Erbsenmehl mit 2 EL Wasser einrühren und alles unter gelegentlichem Rühren 5 bis 10 Minuten weiterkochen.
Mit Salz abschmecken.

Rippenfleisch in roter Pfefferpaste
Salayish (Äthiopien)

für 3-4 Personen

300-500 g Fleisch mit Knochen (Kalbs- oder Lammrücken)
1 milde oder scharfe Peperoni
1/2 Tasse Basilikum
1 TL gemahlener Ingwer
3 Knoblauchzehen
1/2 TL Kardamompulver
2 gehackte Zwiebeln
2 EL Gewürzbutter (Seite 44) oder Butter
1 EL rote Pfefferpaste (Seite 43)

◆ Das Fleisch in lange Streifen schneiden, aber nicht von den Knochen trennen. Die Peperoni halbieren, entkernen und in Streifen schneiden. Basilikum, Ingwer, Knoblauch und Kardamom vermischen, fein hacken und zur Seite stellen.
In einem Topf ohne Fett die Zwiebeln kurz anbraten. Das Fleisch mit Knochen hineingeben und kurz rühren. Mit 3 Tassen Wasser aufgießen und zum Kochen bringen. Die Würzmischung zugeben. In einer Schüssel die Butter mit der Pfefferpaste vermischen und ebenfalls zufügen. Bei mittlerer Hitze 20 bis 30 Minuten dünsten.
Mit schwarzem Pfeffer und Salz würzen, mit Peperoni abschmecken.

Innereien

Kutteln
Yecheguara Wet (Äthiopien)

für 3-4 Personen

500 g Kutteln (Kalb oder Lamm)
4 Tomaten oder Tomatenmark
1 Peperoni
1/4 Tasse Gewürzbutter (Seite 44) oder Öl
1/2 Tasse gehackte Zwiebeln
1/4 TL Kardompulver
1/4 TL gemahlener Ingwer
2 zerdrückte Knoblauchzehen
Pfeffer und Salz
1 Tasse leichter Weißwein oder Wasser

◆ Die Kutteln sorgfältig reinigen und in Salzwasser weich kochen. Auskühlen lassen und in Streifen schneiden. Die Tomaten häuten. Die Peperoni halbieren, entkernen und in Streifen schneiden.
In einem Topf die Butter zerlassen und die Zwiebeln darin goldgelb werden lassen. Tomaten, Kutteln sowie Gewürze zugeben und 8 bis 10 Minuten dünsten. Mit Wein ablöschen und weitere 15 Minuten köcheln.
Peperoni zugeben und servieren.
Beilage: Fladenbrot (Seite 49 bis 52) oder Reis

Leber mit Cayennepfeffer
Dullet (Äthiopien)

für 5-6 Personen

250 g Lammkutteln
200 g Leber vom Lamm
200 g mageres Lammfleisch
2 milde oder scharfe Peperoni
1/2 Tasse Gewürzbutter (Seite 44) oder Butter
1 feingehackte Zwiebel
1/4 TL Kardompulver
1/4 TL schwarzer Pfeffer
1 TL Cayennepfeffer

Dullet ist ein bekanntes Gericht der äthiopischen Küche, das als Vorspeise, aber auch als Beilage zu anderen Gerichten gereicht wird.

◆ Die Kutteln sorgfältig reinigen und fein schneiden, kurz kochen und abtropfen lassen. Die Leber sorgfältig enthäuten, säubern, kurz waschen und fein hacken. Das Lammfleisch fein schneiden. Die Peperoni halbieren, entkernen und fein hacken.
In einem Topf die Butter zerlassen und die Zwiebel darin bräunen. Gewürze, Innereien und Fleisch zugeben, 1 bis 2 Minuten braten. Den Herd abdrehen, die Peperoni beifügen und gut durchmischen. Mit Salz abschmecken.

Leberpfanne mit Gemüse
Ini Lilöokaangwa Na Mboga (Tansania)

für 3-4 Personen

350 g Rindsleber
1/2 kleiner Weißkohl
4 Möhren
2 Tomaten
3 gehackte Knoblauchzehen
2 gehackte Zwiebeln
2 TL Maismehl
1 EL Zitronensaft
1/2 TL Currypulver (Seite 46)
3 EL Fett

◆ Die Leber sorgfältig enthäuten, säubern, kurz waschen und kleinschneiden. Den Kohlkopf vierteln und den Strunk entfernen, den Weißkohl kleinschneiden, waschen und abtropfen lassen. Die Möhren schaben und würfeln. Die Tomaten häuten und grob würfeln.
In einem Topf wenig Salzwasser zum Kochen bringen. Kohl und Möhren zugeben und halb garen.
Knoblauch mit Zwiebeln und Maismehl anbraten. Zitronensaft, Curry, 1 TL Pfeffer und Salz hineinrühren, Tomaten und Fett zugeben. Die Leber unter Rühren garen. Das halbgare Gemüse untermischen und 10 bis 15 Minuten fertigkochen. Abschmecken.

Beilage: Maisbrei (Seite 143) oder Kartoffelbrei

Zunge mit Cayennepfeffer
Milas (Äthiopien)

für 5-6 Personen

500-700 g Zunge
1 kleine Zwiebel
2 milde oder scharfe Peperoni
2 hartgekochte Eigelb
1 TL schwarzer Senf
1 EL Öl
1 EL Zitronensaft
1 TL Cayennepfeffer
Pfeffer und Salz

◆ Die Zunge gründlich säubern, mit siedendem Wasser überbrühen und mit kaltem abschrecken. In reichlich Wasser kochen, bis sie sich häuten läßt. Enthäuten und in dünne Scheiben schneiden. Die Zwiebel in dünne Ringe schneiden. Die Peperoni halbieren und entkernen, eine Schote in Ringe schneiden, die zweite hacken.
In einer Schüssel die übrigen Zutaten miteinander verrühren. Zunge sowie gehackte Peperoni zugeben und durchmischen. Auf einer Platte anrichten, mit Zwiebel- und Peperoniringen garnieren.

◆ Die Zunge gründlich säubern, mit siedendem Wasser überbrühen und mit kaltem abschrecken. In reichlich Wasser kochen, bis sie sich häuten läßt. Enthäuten und in Scheiben schneiden.
In einer fettfreien Pfanne die Zwiebeln kurz anbraten. Butter, Kardamom, Pfeffer, zerdrückten Knoblauch und Ingwer untermischen, 1 bis 2 Minuten erhitzen. Die Zunge zugeben und bei schwacher Hitze 10 bis 15 Minuten kochen.
Mit Salz abschmecken und warm servieren.
Beilagen: Fladenbrot (Seite 49 bis 52) und rote Pfefferpaste (Seite 43)

Zunge in Röstzwiebeln
Milas Tibs (Äthiopien)

für 3-4 Personen

500 g Zunge
2 gehackte Zwiebeln
2 EL Gewürzbutter (Seite 44)
 oder Butter
1/4 TL Kardamompulver
2 Knoblauchzehen
1/2 TL gemahlener Ingwer

◆ Die Nieren häuten, halbieren, waschen und abtropfen. Die Zwiebeln in Ringe schneiden. Die Tomaten häuten und würfeln. Die Peperoni halbieren, entkernen und in Streifen schneiden.
In einer Pfanne Butter zerlassen und die Zwiebelringe darin goldgelb dünsten. Die Tomaten mit zerdrücktem Knoblauch, Rosmarin und Pfeffer dazugeben, 5 Minuten kochen. Zuletzt die Nieren hineingeben und alles weitere 3 Minuten garen. Peperoni zugeben und mit Salz abschmecken.
Beilagen: Fladenbrot (Seite 49 bis 52) und rote Pfefferpaste (Seite 43)

Nierenbraten
Yekulalit Tibs (Äthiopien)

8 Lammnieren
2 große Zwiebeln
2 Tomaten
1 milde oder scharfe
 Peperoni
2 EL Gewürzbutter (Seite 44)
 oder Öl
2 Knoblauchzehen
1 TL Rosmarin

◆ Die Leber sorgfältig enthäuten, säubern, kurz waschen und fein schneiden. Die Peperoni halbieren, entkernen und in Streifen schneiden.
In einer Pfanne Butter zerlassen und die Zwiebeln darin goldgelb werden lassen. Mit 1/2 TL schwarzem Pfeffer, Cayennepfeffer und Kardamom würzen. Die Leber hineingeben und unter ständigem Wenden etwa 4 Minuten schmoren.
Peperoni zugeben und mit Salz abschmecken.
Eignet sich als Vorspeise oder Beilage.

Geröstete Leber
Gubet (Äthiopien)

400 g Rind-, Kalb- oder
 Lammleber
2 Peperoni oder 1 Paprika
50 g Gewürzbutter (Seite 44)
 oder Butter
2 kleine, feingehackte
 Zwiebeln
1/4 TL Cayennepfeffer
1/4 TL Kardamompulver

Zunge- und Magenbraten
Milasina Sember
(Äthiopien)

2-2 1/2 Stunden
 Vorbereitungs- und
 Kochzeit
für 3-4 Personen

250 g Lammkutteln
1 Lamm- oder Kalbszunge
 (250 g)
3 große Tomaten oder
 Tomatenmark
1 Tasse gehackte Zwiebeln
1/4 Tasse Gewürzbutter
 (Seite 44) oder Öl
3 Knoblauchzehen
1/2 TL gemahlener Ingwer
1/4 TL Pfeffer
Salz

◆ Die Kutteln sorgfältig reinigen und in Salzwasser weich kochen. Auskühlen lassen und in Streifen schneiden. Die Zunge gründlich säubern, mit siedendem Wasser überbrühen und mit kaltem abschrecken. In reichlich Wasser kochen, bis sie sich häuten läßt. Enthäuten und in Scheiben schneiden. Die Tomaten häuten.
In einer fettfreien Pfanne die Zwiebeln kurz anbraten. Butter und Tomaten zugeben, etwa 4 Minuten anbraten. Mit 1 Tasse warmem Wasser ablöschen, Kutteln und Zunge hinzufügen. Die übrigen Zutaten beigeben und alles bei schwacher Hitze 20 bis 30 Minuten schmoren.

Lammnieren und -zunge
Kulalitina Milas Tibs
(Äthiopien)

4 Lammnieren
200 g Lammzunge
1 Zwiebel
1 Tomate
1 Peperoni
3 EL Öl oder Gewürzbutter
 (Seite 44)
1/2 TL Rosmarin

◆ Die Nieren waschen, trockentupfen, häuten, halbieren und weichklopfen. Die Zunge gründlich säubern, mit siedendem Wasser überbrühen und mit kaltem abschrecken. In reichlich Wasser kochen, bis sie sich häuten läßt. Enthäuten und in Scheiben schneiden. Die Zwiebel in Ringe schneiden. Die Tomate würfeln. Die Peperoni halbieren, entkernen und in Streifen schneiden.
In einer Pfanne Öl erhitzen und die Zunge langsam darin braten. Die Zwiebelringe mit Tomate und Rosmarin hinzufügen, 2 Minuten bräunen. Die Nieren hineingeben und alles weitere 3 Minuten garen.
Die Peperoni zugeben, mit Pfeffer und Salz abschmecken.

◆
Geflügel
◆

Huhn auf äthiopische Art
Doro Wet

Doro Wet ist ein bekanntes äthiopisches Gericht.

◆ Das Huhn häuten, waschen, zerlegen und mit Zitronensaft abreiben.
In einem Topf ohne Fett die Zwiebelringe anbraten. Roten Pfeffer, Tomatenmark und Butter zugeben, unter ständigem Wenden 2 bis 3 Minuten braten. Etwas Wasser zugießen und weiterrühren. Wein sowie Gewürze zugeben und rühren, bis der rote Pfeffer milder wird. Die Hühnerstücke hinzufügen und 3 bis 5 Minuten mitbraten. 3 Tassen Wasser zugießen und vorsichtig umrühren. Aufkochen und köcheln, bis das Fleisch gar ist.
Die Eier vierteln, hineingeben und den Topf vom Herd nehmen. Mit $1/4$ TL schwarzem Pfeffer bestreuen und mit Salz abschmecken.
Beilagen: Fladenbrot (Seite 49 bis 52) oder Reis sowie frischer Käse

für 5-6 Personen

1 großes Huhn
1 Zitrone (Saft)
5 Tassen dünne Zwiebelringe
$1/2$ Tasse rote Pfeffermischung (Seite 43)
2 TL Tomatenmark
1 Tasse Gewürzbutter (Seite 44) oder Butter
$1/4$ l Wein oder Met
2 TL gemahlener Schwarzkümmel
3 Knoblauchzehen
eventuell $1/2$ TL gemahlenes Bischofskraut
$1/2$ TL gemahlener Ingwer
$1/2$ TL Kardamompulver
6 hartgekochte Eier

Zwiebel-Hähnchen
Doro Tibs (Äthiopien)

◆ Das Hähnchen häuten, waschen, zerlegen und die Knochen entfernen. Die Zwiebeln vierteln. Die Hähnchenstücke in verschlagenem Ei sowie Paniermehl wenden.
In einem breiten Topf die Butter zerlassen und die panierten Hähnchenstücke mit den Zwiebeln von allen Seiten 10 bis 15 Minuten darin anbraten.
Die Temperatur reduzieren und das Fleisch mit Kardamom, einer Prise Nelken, $1/4$ TL Pfeffer und Salz würzen. Die Hähnchenstücke bei schwacher Hitze braten, bis sie weich sind, aber nicht zerfallen.

für 3-4 Personen

1 Brathähnchen
2 große Zwiebeln
2 Eier
Paniermehl
1 Tasse Gewürzbutter (Seite 44) oder Butter
$1/4$ TL Kardamompulver
Gewürznelkenpulver

Geschmortes Hähnchen in Ananas
Kuku Aliyecamshwa Kati
(Tansania)

1½ Stunden Vorbereitungs- und Kochzeit

1 Hähnchen (etwa 1 kg)
300 g Kartoffeln
Möhren oder anderes Gemüse
3 EL Öl oder Gewürzbutter
   (Seite 44)
1 gehackte Zwiebel
1½ TL Currypulver
   (Seite 46)
1 TL Paprika
Pfeffer und Salz
1 Tasse ungesüßter Ananassaft oder Saft aus der Dose

◆ Das Hähnchen häuten, waschen, zerlegen und die Knochen entfernen. Die Kartoffeln schälen und in Scheiben schneiden. Die Möhren schaben und würfeln.

In einem feuerfesten Topf Öl erhitzen, Zwiebel und Gewürze darin goldbraun braten. Die Hähnchenstücke hineingeben und von allen Seiten anbraten. Herausnehmen und zur Seite stellen.

Kartoffeln sowie Möhren beifügen und im selben Fett 1 bis 2 Minuten anbraten. Das Fleisch darauflegen und mit Ananassaft übergießen. Das Gemüse mit Wasser bedecken. Den Topf schließen und alles bei schwacher Hitze 40 Minuten schmoren.

Den Topf vom Herd nehmen, öffnen und im Ofen 15 Minuten backen.

Huhn in Kurkuma
Doro Wet Alicha
(Äthiopien)

1 Huhn
1 Tasse Gewürzbutter
   (Seite 44) oder Butter
5 Tassen feingehackte Zwiebeln
3 Knoblauchzehen
½ TL gemahlener Ingwer
eventuell ¼ TL gemahlenes Bischofskraut
¼ l Met oder Weißwein
6 hartgekochte Eier
½ TL Kurkuma

◆ Das Huhn häuten, waschen, in vier Stücke zerlegen und die Knochen entfernen.

In einem Topf die Butter zerlassen und die Zwiebeln darin goldgelb werden lassen. Zerdrückten Knoblauch, Ingwer, Bischofskraut und Salz zugeben, etwas Wasser zugießen und umrühren. Unter Rühren den Met beigeben. Die Hühnerstücke in den Topf legen, mit 2½ Tassen Wasser aufgießen und 30 bis 45 Minuten kochen. Die Eier vierteln und beigeben. Mit Kurkuma und Pfeffer abschmecken.

Variante:
Statt Kurkuma gekochte Milch hinzufügen und mitkochen.

◆ Das Hähnchen häuten, waschen und zerlegen. In wenig Wasser zum Kochen bringen, 1 bis 2 Minuten kochen und zur Seite stellen.
In einem Topf die Butter zerlassen und die Zwiebel darin goldgelb werden lassen. Mit etwas Met ablöschen, eine Prise Nelken, zerdrückten Knoblauch, $1/4$ TL Pfeffer und Salz beigeben, alles unter Rühren 1 bis 2 Minuten kochen. Die Hähnchenstücke in die Sauce geben, nach und nach mit dem restlichen Met begießen, etwa 30 Minuten braten.
Beilage: Salzkartoffeln

Hähnchen in Met
Yedoro Qulet (Äthiopien)

1 Hähnchen
$1/2$ Tasse Gewürzbutter
   (Seite 44) oder Öl
1 große, gehackte Zwiebel
$1 1/2$ Glas Met
Gewürznelkenpulver
2 Knoblauchzehen

◆ Das Hähnchen häuten, waschen und zerlegen. In einem Topf mit Salzwasser bedecken, zum Kochen bringen und bei mittlerer Hitze 35 Minuten garen. Währenddessen die Ananas schälen und in Scheiben schneiden. Die Erdnüsse leicht rösten und fein mahlen.
Die Hühnerstücke aus der Brühe nehmen.
In einer Pfanne etwas Öl erhitzen und die Zwiebeln darin bräunen. Die Erdnüsse und die Hälfte der Hühnerbrühe unter Rühren zugeben. Die Hühnerteile hineinlegen. Pfeffer, Salz sowie die restliche Brühe hinzufügen und 5 Minuten kochen. Die Eier zugeben und alles weitere 5 Minuten kochen.
Abschmecken und mit Ananasscheiben garnieren.
Beilage: Kochbananen (Seite 75) oder Reis

Hähnchen in Erdnußsauce
Enkokko mu Binyebwa (Uganda)

für 4-5 Personen

1 Brathähnchen (etwa 1 kg)
1 kleine frische Ananas
500 g Erdnußkerne
Öl
2 gehackte Zwiebeln
5 hartgekochte Eier

◆ Das Huhn waschen und trockentupfen. Mit einer Mischung aus Zitronensaft, Chili, $1/2$ TL Pfeffer und Salz einreiben. In einer Marinade aus Kokosmilch und Öl zwei bis drei Stunden einlegen.
Über Holzkohlenfeuer grillen.
Beilage: Reis

Grillhuhn
(Mosambik)

1 Huhn
1 Zitrone (Saft)
$1/2$ TL Chilipulver
1 Kokosnuß (Milch)
3 EL Öl

Hähnchenschnitzel
Doro Kitkit Tibs
(Äthiopien)

für 2 Personen

1 Brathähnchen oder
   Hühnerbrustfilets
   (etwa 700 g)
2 Zitronen
2 Eier
Öl zum Backen
Paniermehl

◆ Das Hähnchen häuten, waschen, zerlegen und die Knochen entfernen. Das Fleisch mit dem Saft einer Zitrone einreiben und leicht klopfen – so brät es schneller durch. Eier, $1/4$ TL Pfeffer und Salz miteinander verschlagen.
In einer Pfanne Öl erhitzen. Die Filets in Ei und Paniermehl wenden, von beiden Seiten goldgelb backen. Mit Zitronenschnitzen servieren.
Beilage: Salat

Gekochtes Huhn mit Bohnen
Kuku Na Maharagwe
(Tansania)

$1^{1}/2$-2 Stunden
   Vorbereitungs- und
   Kochzeit

500 g gekochtes
   Hühnerfleisch
500 g Wachtelbohnen
3 Tomaten
6 EL Öl
2 gehackte Zwiebeln
4 gehackte Knoblauchzehen
4 TL Currypulver (Seite 46)
2 EL Zitronensaft
1 EL Tomatenmark
$1/2$ l Hühnerbrühe
$1/2$ l Kokosmilch

◆ Die Bohnen gar kochen und abgießen. Die Tomaten häuten.
In einem Topf Öl erhitzen und die Zwiebeln mit Tomaten, Knoblauch, Curry, Pfeffer, Salz, Zitronensaft und Tomatenmark darin kurz schmoren. Die Brühe zugießen und 1 bis 2 Minuten umrühren. Bohnen, Hühnerfleisch und Kokosmilch beigeben, 15 Minuten garen und anschließend abschmecken.
Beilage: Maisbrei (Seite 143), Reis oder Kartoffeln

◆ Das Hähnchen häuten, waschen, zerlegen und die Knochen entfernen. Das Fleisch fein hacken. In einem Topf ohne Fett die Zwiebeln kurz anbraten. Roten Pfeffer und Butter 1 bis 2 Minuten mitbraten. Nach und nach Wein zugießen. Hühnerfleisch, Ingwer und zerdrückten Knoblauch beifügen und etwa 10 Minuten braten. Mit 1 Tasse Wasser aufgießen und einkochen.
Kardamom, 1/4 TL schwarzen Pfeffer sowie Salz zufügen und alles weitere 15 Minuten garen.

Gehacktes Huhn
Yedoro Minchet Abesch (Äthiopien)

1 Brathähnchen oder Hühnerbrustfilets (etwa 700 g)
3 gehackte Zwiebeln
1 EL rote Pfeffermischung (Seite 43)
2 EL Gewürzbutter (Seite 44) oder Butter
1/2 Tasse Wein oder Met
1/4 TL gemahlener Ingwer
3 Knoblauchzehen
1/4 TL Kardamompulver

◆ Das Huhn häuten, waschen, in längliche Stücke zerlegen und die Knochen entfernen. In einer Schüssel etwas Met, Zitronensaft und Salz miteinander vermischen. Das Hühnerfleisch 30 Minuten in dieser Marinade einlegen. Herausnehmen und drei bis fünf Tage an einem trockenen Ort aufhängen.
Für die Sauce die Zwiebeln in dünne Ringe schneiden und in einem Topf ohne Fett kurz anbraten. Senf, roten Pfeffer sowie Butter zugeben und 1 bis 2 Minuten erhitzen. Zerdrückten Knoblauch und Ingwer zugeben, unter ständigem Rühren 1 Minute braten – die Gewürze dürfen nicht anbrennen. Das Fleisch hinzufügen und weitere 4 Minuten rühren. Mit 1 Tasse warmem Wasser oder Met ablöschen, mit Kardamom und Basilikum würzen, fertiggaren.

Huhn in Senfpaste
Yedoro Quanta Wet (Äthiopien)

3-5 Tage ruhen lassen
für 4-5 Personen

1 Huhn
Met
Zitronensaft

für die Sauce:
3 Zwiebeln
1/2 TL Senf
1 EL rote Pfeffermischung (Seite 43)
3 EL Gewürzbutter (Seite 44) oder Butter
3 Knoblauchzehen
1/4 TL gemahlener Ingwer
1/4 TL Kardamompulver
1/4 TL gehacktes Basilikum

Hähnchen in Kokosmilch
Kuku Na Nazi (Kenia)

1 1/2 Stunden Vorbereitungs-
und Kochzeit
für 5-6 Personen

1 Brathähnchen (etwa 1 kg)
1 Chilischote oder
   1/2 TL Cayennepfeffer
1 Stück Ingwerwurzel
4 Knoblauchzehen
2 TL Currypulver (Seite 46)
4 EL Öl
1 gehackte Zwiebel
1/2 Bund Korianderblätter
1 TL gemahlener
   Kreuzkümmel
1/2 l Kokosmilch (frisch oder
   aus der Dose)
100 g Kokoscreme

◆ Das Hähnchen häuten, waschen, zerlegen und die Knochen entfernen. Die Chili halbieren, entkernen und fein schneiden. Ingwer und Knoblauch schälen, mit Chili und Curry zu einer glatten Paste verarbeiten.
In einer kleinen Pfanne die Hälfte des Öls erhitzen und die Zwiebel darin bräunen. Die Gewürzpaste zugeben, gut verrühren und etwa 5 Minuten braten.
Das restliche Öl in einer großen Pfanne erhitzen. Die Hühnerteile von allen Seiten etwa 12 Minuten darin bräunen. Die Zwiebelmischung unterrühren, salzen. Gehackten Koriander, Kreuzkümmel und Kokosmilch dazugeben. Gut verrühren und bei mittlerer Hitze 35 bis 40 Minuten garen.
Die Kokoscreme in wenig Kochflüssigkeit verrühren, über das Fleisch gießen. Abschmecken.
Beilage: Reis

Geschnittenes Huhn
Yedoro Infille (Äthiopien)

für 4-5 Personen

1 Huhn
500 g gehackte Zwiebeln
1 1/2 EL Gewürzbutter
   (Seite 44) oder Butter
1 EL rote Pfeffermischung
   (Seite 43)
1/2 TL gemahlener
   Schwarzkümmel
1/8 l Wein oder Wasser
3 Knoblauchzehen
1 Prise Gewürznelkenpulver
1/2 TL gemahlener Ingwer

◆ Das Huhn häuten, waschen und zerlegen. Hals, Flügel und Rücken mit wenig Zwiebeln kurz kochen und zur Seite legen. Die restlichen Fleischstücke mit den Knochen länglich einschneiden.
In einem Topf ohne Fett die restlichen Zwiebeln kurz anbraten. Butter, roten Pfeffer und Kümmel zufügen, nach und nach Wein zugießen und dünsten, bis der rote Pfeffer milder wird. Hühnerstücke, zerdrückten Knoblauch, Nelken und Ingwer zugeben, weiterdünsten. Mit 2 Tassen Wasser ablöschen, Hals, Flügel und Rücken hineingeben und fertigkochen.
Mit schwarzem Pfeffer und Salz würzen.
Beilage: Yoghurt oder Käse

◆ Das Huhn häuten, waschen, in vier bis sechs Stücke zerlegen und die Knochen entfernen. Etwas Öl erhitzen und die Stücke von allen Seiten darin gut anbraten. Zur Seite stellen. Den Trockenfisch zerpflücken. Die Kochbananen schälen und in Wasser halb garen. Die Tomaten häuten. Die Erdnüsse rösten und fein mahlen.
In einem großen Topf das restliche Öl erhitzen und die Zwiebeln mit den Gewürzen darin leicht bräunen. Tomaten sowie Tomatenmark hinzufügen und unter Rühren etwa 15 Minuten kochen. Den Fisch zugeben, 1 bis 2 Minuten rühren. Die Bananen unterrühren und alles bei mittlerer Hitze 2 bis 3 Minuten kochen. Die Erdnüsse untermischen und unter ständigem Rühren 10 bis 15 Minuten kochen.
Die Hühnerstücke beifügen und 30 bis 40 Minuten fertiggaren.

Hähnchen-Erdnuß-Bananen-Sauce
Igisafuriya (Ruanda)

2 Stunden Vorbereitungs- und Kochzeit.

für 4-6 Personen

1 Huhn
3 EL Öl
100 g Trockenfisch
500 g Kochbananen
250 g Tomaten
250 g Erdnußkerne
2 gehackte Zwiebeln
1 TL Paprika
$1/2$ TL Currypulver (Seite 46)
1 TL gehackter Knoblauch
$1/4$ TL Piment
100 g Tomatenmark

◆ Das Hähnchen häuten, waschen, in vier bis sechs Stücke zerlegen und die Knochen entfernen. Die Kartoffeln schälen und vierteln.
In einer großen Pfanne Öl erhitzen und die Zwiebeln mit den übrigen Gewürzen unter ständigem Rühren darin braten. Das Tomatenmark mit 1 Tasse Wasser unterrühren und aufkochen. Die Hähnchenstücke zugeben und zugedeckt bei schwacher Hitze etwa 30 Minuten kochen. Wenn nötig, etwas Wasser zugießen. Die Kartoffeln hinzufügen und weitere 15 Minuten kochen. Salzen und alles etwa 15 Minuten fertiggaren.

Curry-Hähnchen
(Somalia)

für 4-6 Personen

1 Hähnchen (etwa 1 kg)
4 Kartoffeln
4 EL Öl
2 gehackte Zwiebeln
4 zerdrückte Knoblauchzehen
$1/2$ TL gemahlener Ingwer
$1/2$ Zimtstange
5 Gewürznelken
5 Kardamomsamen
1 TL Paprika oder Chilipulver
$1/2$ TL Kurkuma
$1/2$ TL gehackte Korianderblätter
150 g Tomatenmark

Fladenbrot-Huhn
*Yeqitta Lewus
(Äthiopien)*

für 3 Personen

400 g grobgehacktes
  Hühnerfleisch
3 Tassen Gerstenmehl
3 große, gehackte Zwiebeln
2 gehackte Knoblauchzehen
1 Tasse Öl oder
  Gewürzbutter (Seite 44)
1 Tasse Milch oder Wasser
1 Ei
1/4 TL Cayennepfeffer
Ingwerwurzel
Kardamompulver
1 Peperoni

◆ Mehl und etwas Salz in eine Schüssel sieben, Wasser zugießen und alles rasch zu einem festen, aber elastischen Teig kneten. Nach und nach Portionen abtrennen, mit Mehl bestäuben und zu Kreisen von 15 bis 20 cm Durchmesser ausrollen. Mit bemehlten Fingerspitzen leicht eindrücken. Eine fettfreie Pfanne auf mittlere Hitze bringen. Einen Teigfladen hineingeben und braten, bis sich die Oberseite dunkler färbt – dabei hin- und herbewegen, damit er nicht anhaftet. Den Fladen wenden und 1 weitere Minute braten. Mit dem restlichen Teig auf gleiche Weise verfahren. Die Fladenbrote würfeln und warm stellen.
In einem Topf ohne Fett Zwiebeln und Knoblauch kurz anbraten. Öl zugießen und das Hühnerfleisch hinzufügen. Das mit kalter Milch verquirlte Ei nach und nach einrühren. Mit Cayennepfeffer, Ingwer, Kardamom, schwarzem Pfeffer und Salz würzen, alles bei mittlerer Hitze garen. Zuletzt die Brotwürfel vorsichtig untermischen und alles bei schwacher Hitze 3 bis 5 Minuten köcheln.
Währenddessen die Peperoni halbieren, entkernen und in Streifen schneiden. Das Hühnerfleisch damit abschmecken und warm servieren.

Kurkuma-Hähnchen
*Doro Minchet Abesh
Alicha (Äthiopien)*

1 Brathähnchen oder
  Hühnerbrustfilets
  (500-700 g)
3 feingehackte Zwiebeln
1 EL Gewürzbutter (Seite 44)
  oder Butter
1/2 Tasse Weißwein oder Met
1/2 TL gemahlener Ingwer
1/2 TL Knoblauchpulver
1/2 TL Kurkuma

◆ Das Hähnchen häuten, waschen, zerlegen und die Knochen entfernen. Das Fleisch fein hacken. In einem Topf ohne Fett die Zwiebeln kurz anbraten. Butter sowie Wein zugeben und die Zwiebeln weich dünsten. Ingwer und Knoblauch zufügen, unter ständigem Rühren weiterdünsten. Das Fleisch hineingeben, 1 bis 2 Minuten durchrühren und im eigenen Saft sowie 1/2 Tasse Wasser 15 bis 20 Minuten schmoren. Mit Kurkuma und Pfeffer bestreuen, weitere 5 Minuten kochen.
Mit Salz abschmecken.

Auf dem Markt in Harar, Äthiopien.

Kaffeezubereitung in Lalibela, Nordäthiopien.

Gewürzstand auf dem Markt in Harar, Äthiopien. Die vielfältigen Zutaten werden nach Bedarf abgewogen.

◆

Fisch

◆

◆ Die Garnelen ausnehmen, schälen, waschen und abtropfen lassen. Die Tomaten vierteln. Die Chili halbieren, entkernen und fein schneiden.
In einer Pfanne Öl erhitzen, Zwiebeln und Knoblauch 1 bis 2 Minuten darin leicht bräunen. Curry, Safran, Koriander und Salz zugeben. Tomaten, Chili und Zitronensaft hinzufügen. Garnelen und Kokosmilch beigeben. Bei verringerter Hitze köcheln, bis die Garnelen gar sind. Die Sauce etwas eindicken lassen und abschmecken.

Garnelen mit Curry
Kamba (Tansania)

750 g Garnelen
4 Tomaten
3 grüne Chilischoten
2 TL Öl
4 große, feingehackte
   Zwiebeln
6 feingehackte
   Knoblauchzehen
6 TL Currypulver (Seite 46)
$1/4$ TL Safran
1 EL gehackte
   Korianderblätter
2 Zitronen (Saft)
1 Tasse Kokosmilch

◆ Die Krabben waschen und trockentupfen. Die Chili halbieren, entkernen und fein hacken.
Öl erhitzen und die Zwiebel darin bräunen. Kurkuma, Koriander, Knoblauch und Chili zugeben, 1 bis 2 Minuten erhitzen. Krabbenfleisch, Gewürze sowie Zitronensaft beifügen und weitere 4 bis 5 Minuten kochen. Mit Kokosmilch aufgießen, salzen und alles bei schwacher Hitze etwa 20 Minuten dünsten.

Krabben-Curry
(Somalia)

750 g frische Krabben ohne
   Schale
1 Chilischote oder
   $1/2$ TL Cayennepfeffer
3 EL Pflanzenöl
1 gehackte Zwiebel
$1/2$ TL Kurkuma
1 TL gehackte
   Korianderblätter
$1/2$ TL Knoblauchpulver
$1/2$ TL schwarzer Pfeffer
$1/4$ TL gemahlener Zimt
$1/4$ TL Gewürznelkenpulver
$1/2$ TL gemahlener Ingwer
1 Prise Kardamompulver
1 Zitrone (Saft)
2 Tasse Kokosmilch

Fisch klassisch
Yeassa Tibs (Äthiopien)

4 frische Fische
2 Zitronen
Paniermehl
Öl zum Braten

◆ Die Fische ausnehmen und schuppen. Kopf, Schwanz und Flossen entfernen. Die Fische unter fließendem kalten Wasser gründlich waschen und abtropfen lassen. Auf jeder Seite außen mit einem scharfen Messer diagonale Schnitte anbringen. Die Fische von beiden Seiten mit einer Pfeffer-Salz-Mischung einreiben, mit dem Saft einer Zitrone beträufeln und in Paniermehl wenden.
In einer Pfanne reichlich Öl erhitzen und die Fische von beiden Seiten darin goldbraun braten. Mit je einer Zitronenscheibe belegt servieren.

Gepfefferter Fisch
Assa Wet (Äthiopien)

für 3-4 Personen

3 Fischfilets
2 feingehackte Zwiebeln
2 feingehackte Knoblauchzehen
2 EL Öl
1 EL rote Pfeffermischung oder Pfefferpaste (Seite 43)
1/8 l Wein oder Met

◆ Die Filets in Streifen schneiden, ohne Fett kurz anbraten und zur Seite stellen.
In einem Topf ohne Fett Zwiebeln und Knoblauch kurz anbraten. Öl und roten Pfeffer zugeben, die Mischung bei schwacher Hitze unter Rühren etwa 4 Minuten bräunen. Nach und nach den Wein sowie 1 Tasse Wasser zugießen und aufkochen. Den Fisch in die Sauce geben, mit schwarzem Pfeffer und Salz würzen. Bei schwacher Hitze und unter gelegentlichem Rühren fertiggaren – der Fisch darf nicht zu weich werden.

Fischpfanne
Yeassa Lebleb (Äthiopien)

3 Fischfilets
1 TL Zitronensaft
2 Chilischoten oder milde oder scharfe Peperoni
2 EL Olivenöl
1 TL rote Pfeffermischung (Seite 43)
2 zerdrückte Knoblauchzehen
2 EL Met

◆ Die Filets waschen, trockentupfen, in kleine Stücke zerpflücken und mit Zitronensaft beträufeln. Die Chili halbieren, entkernen und kleinschneiden.
In einer Schüssel Öl mit rotem Pfeffer, Chili und Knoblauch vermischen. Den Fisch untermengen. Met, schwarzen Pfeffer und Salz zugeben. Alles bei geringer Temperatur kurz erhitzen. Sofort servieren.

◆ Die Filets leicht salzen und in Mehl wenden, dabei das Mehl gut andrücken. Die Zwiebel in Ringe schneiden. Die Eier in einer Schüssel verschlagen, Kurkuma, Curry und etwas Salz unterrühren. Die Erdnüsse rösten und mahlen.
In einer Pfanne Öl erhitzen, die Fischstücke einzeln durch die Eiermischung ziehen und von beiden Seiten goldbraun backen – dabei vorsichtig wenden. Die Erdnüsse zugeben, die Pfanne zudecken und den Fisch bei schwacher Hitze etwa 10 Minuten garen.
In einer zweiten Pfanne etwas Öl erhitzen und die Zwiebelringe darin bräunen.
Den Fisch anrichten und mit den Zwiebelringen garnieren.

Gebratener Fisch
Kamongo, Monye (Kenia)

800 g Fischfilets mit festem
    Fleisch
120 g Weizenmehl
1 Zwiebel
3 Eier
1 TL Kurkuma
nach Geschmack:
    Currypulver (Seite 46)
1 TL gemahlene Erdnüsse
2 Tassen Öl

◆ Die Filets fein hacken. Die Peperoni halbieren, entkernen und fein hacken.
In einer Schüssel Cayennepfeffer, Öl, 1/2 TL schwarzen Pfeffer, Peperoni, Met und Salz miteinander vermischen. Fisch sowie Zitronensaft hineingeben und gründlich durchrühren. Abschmecken und bis zum Servieren kühl stellen.

Fischtatar
Yeassa Kitfo (Äthiopien)

für 3-4 Personen

3 Fischfilets (etwa 500 g)
1 milde oder scharfe
    Peperoni oder Chilischote
1/2 EL Cayennepfeffer
3 EL Olivenöl
1 EL Met
1 EL Zitronensaft

◆ Den Fisch ausnehmen und schuppen. Kopf, Schwanz und Flossen entfernen. Den Fisch unter fließendem kalten Wasser gründlich waschen und abtropfen lassen. Innen wie außen mit Pfeffer und Salz einreiben. Die Tomaten würfeln.
In einem Topf Öl erhitzen, Zwiebeln und zerdrückten Knoblauch darin glasig werden lassen. Tomaten, 1/4 TL Pfeffer und Salz zugeben, etwas warmes Wasser zugießen und gut verrühren. Den Fisch hineinlegen und zugedeckt bei schwacher Hitze etwa 30 Minuten garen.
Beilage: Kochbanane (Seite 75) oder Reis

Fisch auf Tomaten
Ekyenanda Ekibisi (Uganda)

für 4-5 Personen

1 Kaiserbarsch oder
    Red Snapper (etwa 800 g)
3 Tomaten
Öl
2 feingehackte Zwiebeln
1 Knoblauchzehe

Getrockneter Fisch
Assa Quanta Wet
(Äthiopien)

für 3-4 Personen

500 g Trockenfisch
2 große, gehackte Zwiebeln
3 EL Öl
1 TL rote Pfeffermischung
 (Seite 43)
1 TL Tomatenmark
1/4 l Wein oder Met
1/4 TL gehackter Knoblauch
1/4 TL gemahlener Ingwer
1/4 TL Kardamompulver
etwas schwarzer Pfeffer

◆ In einer fettfreien Pfanne den Fisch kurz knusprig braten. Zur Seite stellen.
In einem Topf ohne Fett die Zwiebeln kurz anbraten. Öl, roten Pfeffer und Tomatenmark zugeben, etwa 4 Minuten braten. Den Wein einrühren. Den Fisch hinzufügen und bei mittlerer Hitze 5 Minuten dünsten. 1 Tasse warmes Wasser und die Gewürze zugeben, alles zugedeckt 8 bis 10 Minuten garen.

Bratfisch
Samaki Wa Kukarang
(Tansania)

4 frische Fische
4 EL Öl oder Gewürzbutter
 (Seite 44)
1/4 TL Safran
1 EL Zitronensaft
Cayennepfeffer
Salz

◆ Die Fische ausnehmen und schuppen. Kopf, Schwanz und Flossen entfernen. Die Fische unter fließendem kalten Wasser gründlich waschen und abtropfen lassen. Wenig Öl und die übrigen Zutaten miteinander vermischen. Die Fische mit dieser Marinade einreiben und 15 bis 20 Minuten darin einlegen.
In einer Pfanne das restliche Öl erhitzen und die Fische von beiden Seiten darin kurz anbraten. Die Temperatur reduzieren und weiterbraten, bis die Fische von beiden Seiten goldbraun sind.

Fisch mit Kurkuma
Yeassa Alicha (Äthiopien)

600 g Fischfilets
1/4 Tasse Öl
2 große, feingehackte
 Zwiebeln
1/8 l Weißwein oder Met
1/2 TL Kurkuma

◆ Die Filets waschen, trockentupfen und in Streifen schneiden. Ohne Fett kurz anbraten und zur Seite stellen.
Öl erhitzen und die Zwiebeln darin leicht bräunen. Etwas Wasser zugeben und unter Rühren aufkochen. Nach und nach Wein zugießen, weiterrühren. Mit 1 Tasse Wasser aufgießen und kochen. Kurkuma hinzufügen. Den Fisch zugeben, mit Pfeffer und Salz bestreuen, bei mittlerer Hitze 10 bis 15 Minuten garen.

◆ Die Garnelen ausnehmen und schälen, die Köpfe abtrennen. Schalen und Köpfe in 1 1/2 Tassen Wasser 5 Minuten kochen. Den Sud abseihen und zur Seite stellen. Die Zwiebeln in Ringe schneiden. Dic Tomaten häuten und pürieren.
In einer Pfanne etwas Öl erhitzen, Zwiebelringe und Knoblauch darin bräunen. Die Tomaten zufügen und kurz andünsten. Die Garnelen und den zerbröckelten Bouillonwürfel zugeben, gut durchrühren und alles 5 bis 6 Minuten kochen. Die übrigen Zutaten und den Sud hinzufügen, umrühren und kochen, bis sich Kokosöl am Rand absetzt. Den Topf schließen und alles bei schwacher Hitze 20 Minuten garen.
Beilage: Reis

Garnelen mit Curry-Kokos-Sauce
Caril de Camarão (Mosambik)

1 kg Garnelen
2 Zwiebeln
2 Tomaten
Öl
3 feingehackte Knoblauchzehen
1 Würfel Gemüsebouillon
2 EL Currypulver (Seite 46)
3 Gewürznelken
4 schwarze Pfefferkörner
Salz
1 Dose Kokosmilch

◆ Die Garnelen etwa 5 Minuten kochen, bis sie rosafarben sind. Die Kokosnüsse öffnen, die Milch zur Seite stellen, das Fruchtfleisch raspeln. Die Erdnüsse fein mahlen und mit etwas Wasser unter die Kokosraspel mischen. Die Maniokblätter waschen, kleinschneiden und mit wenig Wasser weich kochen. Die Erdnußmischung und Kokosmilch zugeben. Die Garnelen hinzufügen und alles bei schwacher Hitze kurz garen. Mit Salz abschmecken.
Beilage: Reis

Garnelen
Matapa (Mosambik)

1 1/2-2 Stunden Vorbereitungs- und Kochzeit

1 kg Garnelen mit Schalen
2 Kokosnüsse
500 g Erdnußkerne
1 kg Maniokblätter

Überbackener Fisch
Samaki Ya Kuoka (Kenia)

für 4-5 Personen

1 küchenfertiger Fisch
   (750 g)
2 TL Öl
2 große, gehackte Zwiebeln
2 gehackte Knoblauchzehen
4 Tomaten
100 ml Essig
1/2 TL Cayennepfeffer
1 TL Kardamompulver
1/2 TL Kreuzkümmel
Salz

◆ Den Fisch waschen, trockentupfen und in eine feuerfeste Form legen.
In einer Pfanne Öl erhitzen, Zwiebeln und Knoblauch darin glasig werden lassen, über den Fisch verteilen. Die Tomaten würfeln und mit den übrigen Zutaten vermischen. Abschmecken und über den Fisch gießen. Im vorgeheizten Ofen zugedeckt etwa 30 Minuten backen.
Beilage: Reis

Fisch in pikanter Sauce
Yeassa Infille (Äthiopien)

4 Fischfilets
2 große, feingehackte
   Zwiebeln
1/4 TL gemahlene
   Bockshornkleesamen
1/2 Tasse Öl
1 EL rote Pfefferpaste
   (Seite 43)
1/4 Tasse Wein oder Met
1 EL Erbsenmehl (Seite 44
   oder 45)

◆ Die Filets waschen, trockentupfen und in 8 bis 10 cm lange Streifen schneiden.
In einem Topf ohne Fett Zwiebeln und Bockshornklee kurz anbraten. Öl und Pfefferpaste zugeben, bei mittlerer Hitze unter Rühren braten. Wein zugießen und 1 weitere Minute rühren. Mit 1 1/4 Tassen warmem Wasser ablöschen. Das Erbsenmehl unter ständigem Rühren zufügen und kochen. Den Fisch in die Sauce legen und zugedeckt bei mittlerer Hitze 10 bis 15 Minuten garen.
Mit schwarzem Pfeffer und Salz abschmecken.

Pasten

Leinsamenpaste ist zum Frühstück oder als Zwischenmahlzeit beliebt – besonders in der Fastenzeit.

◆ Die Leinsamen bei schwacher Hitze goldbraun rösten. Erkalten lassen, mit Weinraute, Basilikum und Knoblauch fein mahlen. Mit kaltem Wasser, rotem Pfeffer und Salz zu einer dicken Paste verrühren – nicht flüssig werden lassen.
In eine Schüssel geben und sofort servieren.
Beilage: Fladenbrot (Seite 49 bis 52)

Leinsamenpaste
Yetelba Liqut (Äthiopien)

für 4-5 Personen

1 Tasse Leinsamen
1 TL gehackte Weinraute
1 TL gehacktes Basilikum
3 Knoblauchzehen
1/4 TL rote Pfeffermischung
    (Seite 43)

◆ Die Peperoni halbieren, entkernen und hacken. In einer fettfreien Pfanne den Sesam unter ständigem Rühren rösten. Mit Weinraute zu einer cremeartigen Paste mahlen. Mit 1 Tasse kaltem Wasser dickflüssig anrühren, Peperoni und Salz zugeben, abschmecken. In eine Schüssel geben und servieren.
Eignet sich als Brotaufstrich.

Sesampaste
Yeselit Liqut (Äthiopien)

für 2-3 Personen

1/2 Tasse Sesamkörner
1 milde oder scharfe
    Peperoni
1/2 TL gehackte Weinraute

◆ Die Sonnenblumenkerne in reichlich Wasser 25 bis 30 Minuten kochen. Abgießen und zu einer Paste zermahlen. Mit etwa 3 Tassen Wasser verrühren und abseihen. Den entstandenen Saft mit dem Bohnenmehl glattrühren und unter ständigem Rühren 20 bis 30 Minuten kochen.
Abkühlen lassen, das Senfpulver untermischen. Die übrigen Gewürze zufügen und alles in einem geschlossenen Gefäß vier bis sieben Tage ruhen lassen.
Kalt servieren. Bohnenpaste hält sich mehrere Tage.
Eignet sich als Beilage zu vegetarischen Gerichten.

Bohnenpaste
Siljo (Äthiopien)

4-7 Tage ruhen lassen

2 Tassen Bohnenmehl
1 Tasse Sonnenblumenkerne
1/4 Tasse Senfpulver
2 Stücke Ingwerwurzel
    (je 2,5 cm)
4 Knoblauchzehen
1 Weinrautenzweig
Salz

Kichererbsenpaste
Butecha (Äthiopien)

1½ Stunden Vorbereitungs- und Kochzeit
für 3-4 Personen

1 Tasse Kichererbsenmehl
nach Geschmack: 2 Peperoni
1 große, gehackte Zwiebel
¼ Tasse Öl
¼ TL rote Pfeffermischung (Seite 43)

◆ Das Kirchererbsenmehl in wenig kaltem Wasser glattrühren und unter ständigem Rühren kochen, bis es eindickt. Die Temperatur reduzieren und unter kräftigem Rühren 10 bis 15 Minuten köcheln.
Die Masse auf einer Platte verteilen und 50 bis 60 Minuten auskühlen lassen.
Währenddessen die Peperoni halbieren, entkernen und fein schneiden. Mit der Kichererbsenmasse und den übrigen Zutaten in einer Schüssel vermischen, mit Salz abschmecken. Kalt servieren.
Eignet sich als Beilage zu vegetarischen Gerichten.

Beilagen und Salate

◆ 1 1/2 l Salzwasser und eventuell Butter zum Kochen bringen. Das Maismehl langsam unter ständigem Rühren zugeben, bis die gewünschte Festigkeit erreicht ist – dabei mit dem Holzlöffel gegen den Topfrand streichen. Einige Minuten weiterkochen.
Eignet sich als Beilage zu allen Fleisch- und Gemüsespeisen.

Maisbrei
Ugali (Tansania)

400 g Maismehl
nach Geschmack:
    Gewürzbutter (Seite 44)
    oder Butter

◆ Die Leinsamen bei schwacher Hitze goldbraun rösten. Abkühlen lassen, mit Basilikum, Weinraute und Knoblauch mischen, fein mahlen. In einer Schüssel mit rotem Pfeffer, Salz und 3 Tassen Wasser gut vermischen. Mit kleingeschnittenem Fladenbrot vermengen und kalt servieren.

Leinsamen mit Fladenbrot
Yetelba Fitfit (Äthiopien)

3/4 Tasse Leinsamen
1/2 TL gehacktes Basilikum
1/2 TL gehackte Weinraute
2 Knoblauchzehen
nach Geschmack: 1/4 TL rote
    Pfeffermischung (Seite 43)
Fladenbrot (Seite 49 bis 52)

◆ Das Fleisch waschen und in Streifen schneiden, aber nicht von den Knochen trennen. Die Kartoffel schälen und würfeln. Die Zwiebel in Ringe schneiden. Die Peperoni halbieren, entkernen und in Streifen schneiden.
In einem Topf ohne Fett die Zwiebelringe kurz anbraten. Das Fleisch mit Knochen hineingeben und etwa 4 Minuten erhitzen. Mit 2 Tassen warmem Wasser aufgießen und kochen. Die Kartoffel zugeben, mit Ingwer, zerdrücktem Knoblauch und Basilikum würzen. Butter beifügen und alles bei mittlerer Hitze kochen, bis nur noch wenig Flüssigkeit übrig und das Fleisch weich ist. Wenn nötig, weiteres Wasser zugießen.
Mit Kurkuma bestreuen, mit Salz und Peperoni abschmecken. Mit kleingeschnittenem Fladenbrot vermengen und servieren.

Fleisch mit grünem Pfeffer
Alicha Merek (Äthiopien)

500 g Fleisch mit Knochen
    (Rücken oder Bein)
1 Kartoffel
1 große Zwiebel
1 Peperoni
1/2 TL gemahlener Ingwer
4 Knoblauchzehen
gehacktes Basilikum
1/4 Tasse Gewürzbutter
    (Seite 44) oder Butter
1/4 TL Kurkuma
Fladenbrot (Seite 49 bis 52)

Weiße Erbsen mit Peperoni
Ater Fitfit (Äthiopien)

am Vortag beginnen

1 1/2 Tassen gelbe, ungeschälte Erbsen
1 Tasse Öl
2 Tassen feingehackte Zwiebeln
1/2 TL gemahlener Ingwer
3 Knoblauchzehen
2 Peperoni
1/4 TL Kurkuma
Fladenbrot (Seite 49 bis 52) oder Brot

◆ Die Erbsen verlesen, waschen und über Nacht in Salzwasser quellen lassen.
Am nächsten Tag das Wasser abgießen. Öl erhitzen und die Zwiebeln darin glasig werden lassen. Die Erbsen zugeben und anbraten. Ingwer sowie zerdrückten Knoblauch hinzufügen und weiterbraten. Mit 4 Tassen warmem Wasser aufgießen und kochen, bis die Erbsen weich sind.
Die Peperoni halbieren, entkernen und in Streifen schneiden. Die Erbsen mit Kurkuma bestreuen, mit Pfeffer, Salz und Peperoni abschmecken. Mit kleingeschnittenem Fladenbrot vermengen und warm oder kalt servieren.

Sesam mit Peperoni
Yeselit Fitfit (Äthiopien)

1/2 Tasse Sesamkörner
2 milde oder scharfe Peperoni
nach Geschmack: gehackte Weinraute
Fladenbrot (Seite 49 bis 52)

◆ Die Peperoni halbieren, entkernen und in Streifen schneiden.
In einer fettfreien Pfanne den Sesam unter ständigem Rühren rösten. Mit Weinraute zu einer cremeartigen Paste mahlen. In einer Schüssel mit 1 1/2 Tassen kaltem Wasser kräftig verrühren, Peperoni und Salz zugeben. Mit kleingeschnittenem Fladenbrot vermengen und sofort servieren.

Weißkohlsalat mit Senf
Yegomen Selata (Äthiopien)

250 g Weißkohl
1 Paprika
2 Peperoni
1 kleine, feingehackte Zwiebel
1 EL Zitronensaft
1 TL Senf
3 EL Olivenöl
Pfeffer und Salz

◆ Den Kohlkopf vierteln und den Strunk entfernen, den Weißkohl fein schneiden, waschen und abtropfen lassen. Paprika wie Peperoni halbieren und entkernen, das weiße Fruchtfleisch entfernen, die Schoten kleinhacken.
In einer Schüssel alle Zutaten miteinander verrühren. Den Kohl untermischen. Den Salat im Kühlschrank 30 Minuten gut durchkühlen lassen.

◆ Den Salat verlesen, waschen, abtropfen lassen und zerpflücken. Die Tomaten grob hacken. Die Peperoni halbieren, entkernen und grob würfeln. Alles mit den Zwiebeln in einer Schüssel vorsichtig miteinander vermengen.
Zerdrückten Knoblauch, Öl, Zitronensaft, etwas Thymian, Pfeffer und Salz zu einer Sauce verrühren. Gleichmäßig über den Salat verteilen, gut durchmischen und anrichten.

Bunter Peperonisalat
Debelek Selata (Äthiopien)

1 kleiner Eisbergsalat
4-5 Tomaten
3-4 rote und grüne Peperoni
2 gehackte Zwiebeln
2 Knoblauchzehen
6 EL Öl
5 EL Zitronensaft
Thymian

◆ Die Sonnenblumenkerne in reichlich Wasser 25 bis 30 Minuten kochen. Währenddessen die Peperoni halbieren, entkernen und in feine Ringe schneiden.
Die Sonnenblumenkerne abseihen und mit Weinraute passieren. In einer Schüssel mit 3 bis 4 Tassen kaltem Wasser anrühren, kurz ziehen lassen und erneut abseihen. Peperoni und Salz untermischen, abschmecken. Mit kleingeschnittenem Fladenbrot vermengen und servieren.

Sonnenblumenkerne
Yesuff Fitfit (Äthiopien)

2 Tassen Sonnenblumenkerne
2 milde oder scharfe Peperoni
nach Geschmack: gehackte Weinraute
Fladenbrot (Seite 49 bis 52)

◆ In einem Topf ohne Fett die Zwiebeln kurz anbraten. Öl zugeben und 1 Minute erhitzen. 4 Tassen Wasser zugießen und aufkochen. Die Kichererbsen hinzufügen und 15 bis 20 Minuten kochen, bis sie halb weich sind. Ingwer, zerdrückten Knoblauch, $1/4$ TL Pfeffer sowie Salz zugeben und garen, bis der größte Teil der Flüssigkeit verkocht ist. Währenddessen die Peperoni halbieren, entkernen und in längliche Streifen schneiden.
Die Peperoni zugeben. Mit kleingeschnittenem Fladenbrot vermengen und sofort servieren.

Kichererbsen mit Fladenbrot
Yeshimbra Fitfit (Äthiopien)

1 Tasse Kichererbsen
1 Tasse gehackte Zwiebeln
$1/2$ Tasse Öl
$1/2$ TL gemahlener Ingwer
3 Knoblauchzehen
2 milde oder scharfe Peperoni
Fladenbrot (Seite 49 bis 52) oder Brot

Tomatensalat
Timatim Fitfit
(Äthiopien)

3 große Tomaten
2 Peperoni oder 1 Paprika
1/2 TL rote Pfeffermischung
   oder Pfefferpaste (Seite 43)
3 EL Weißwein, Met oder
   Wasser
1 feingehackte Zwiebel
2 Zitronen (Saft)
3 EL Öl
2 Knoblauchzehen
3 Fladenbrote (Seite 49
   bis 52)

◆ Die Tomaten häuten und fein würfeln. Die Peperoni halbieren, entkernen und kleinschneiden. In einer Schüssel roten Pfeffer und Wein anrühren. Tomaten, Zwiebel und Peperoni dazugeben. Zitronensaft, Öl, 1/4 TL schwarzen Pfeffer, Salz, zerdrückten Knoblauch und etwas Wasser unterrühren. Die Fladenbrote kleinschneiden und untermengen. Den Salat 30 Minuten erkalten lassen. Falls er zu trocken ist, 2 EL Wein zugeben.

Rote-Bete-Salat
Keyser Debelk Selata
(Äthiopien)

2 Stunden Vorbereitungs-
   und Kochzeit

2 rote Bete
4 Möhren
3 Kartoffeln
3 Peperoni
2 große Tomaten
1 Zwiebel
3 EL Zitronensaft
2 EL Öl

◆ Die roten Bete weich kochen. In kaltem Wasser schälen und in Scheiben schneiden. Die Möhren schaben, die Kartoffeln schälen, beides ebenfalls weich kochen. Nach dem Erkalten in feine Scheiben schneiden. Die Peperoni halbieren, entkernen und in dünne Ringe schneiden. Die Tomaten in Scheiben und die Zwiebel gleichfalls in dünne Ringe schneiden.
Rote Bete, Möhren, Kartoffeln, Tomaten, die Hälfte der Peperoni und die Hälfte der Zwiebelringe vorsichtig vermengen. Zitronensaft, Öl und Salz vermischen, unterheben. Den Salat auf einer Platte anrichten, mit den restlichen Zwiebelringen und Peperoni bestreuen, mindestens 30 Minuten kalt stellen.

Variante:
Zwei hartgekochte Eier in Scheiben schneiden und untermengen.

Eier und Milchgerichte

◆ Die Peperoni halbieren, entkernen und fein hacken. In einer Schüssel die Eier mit schwarzem Pfeffer und Salz verschlagen.
In einer Pfanne Öl erhitzen und die Zwiebel darin leicht bräunen. Mit etwas Salz bestreuen. Die Temperatur reduzieren, die Eier langsam zugießen und unter weiterem Rühren anbraten, bis sie sich vom Rand und Boden der Pfanne lösen.
Die Eiermasse zerkleinern, die Peperoni zugeben und servieren. Mit Cayennepfeffer bestreuen.

Rührei
Yenqulal Firfir (Äthiopien)

für 3-4 Personen

4 Eier
2 Peperoni oder 1 Paprika
2 EL Öl
1 kleine, feingehackte Zwiebel
$1/2$ TL Cayennepfeffer

◆ Die Tomaten häuten. Die Peperoni halbieren, entkernen und kleinschneiden.
In einer fettfreien Pfanne die Zwiebeln kurz anbraten. Roten Pfeffer sowie etwas Wasser beifügen und erhitzen. Butter und Tomaten dazugeben, 3 Minuten kochen.
In einer Schüssel die Eier kurz schlagen und unter kräftigem Rühren langsam untermischen, bis die Masse steif wird. Salz, schwarzen Pfeffer, Ingwer sowie Kardamom zugeben und umrühren. Nach und nach Met zugießen und alles bei mittlerer Hitze 15 Minuten garen, dabei öfter umrühren. Peperoni sowie Basilikum zugeben und servieren.

Eiersauce
Yenqulal Wet (Äthiopien)

4-5 Eier
2 große Tomaten
1 Peperoni
2 feingehackte Zwiebeln
2 TL rote Pfeffermischung (Seite 43)
3 EL Gewürzbutter (Seite 44) oder Butter
$1/4$ TL gemahlener Ingwer
$1/4$ TL Kardamompulver
$1/8$ l Met oder Wasser
1 Basilikumblatt

Scharfe Eiersauce
Enqulal Minchet Abesh (Äthiopien)

200 g Fleisch
1-2 gehackte Zwiebeln
1 EL rote Pfeffermischung
 (Seite 43)
gemahlener Schwarzkümmel
3 EL Gewürzbutter (Seite 44)
 oder Butter
4 Eier
1/2 TL gemahlener Ingwer
2 Knoblauchzehen
1/2 TL Kardamompulver
1/8 l Met oder Wasser
Basilikumblätter

◆ Das Fleisch fein hacken und in eine Schüssel geben.
In einem Topf ohne Fett die Zwiebeln kurz anbraten. Roten Pfeffer, etwas Kümmel und Butter dazugeben, 2 bis 3 Minuten mitbraten. Das Fleisch zugeben, fest umrühren, mit dem Kochlöffel fein zerkleinern und etwa 4 Minuten anbraten.
In einer Schüssel die Eier kurz schlagen und unter kräftigem Rühren langsam untermischen, bis die Masse steif wird. Salz, schwarzen Pfeffer, Ingwer, Knoblauch und Kardamom zugeben, umrühren. Nach und nach Met zugießen und alles bei mittlerer Hitze 15 bis 20 Minuten garen – dabei öfter umrühren.
Basilikum zugeben und abschmecken.

Hausgemachter Käse
Ayib (Äthiopien)

3 l Sauermilch
 (Vorzugsmilch)
rote Pfeffermischung
 (Seite 43)

◆ Einen großen Behälter mit der Sauermilch füllen, gut verschließen und schütteln, bis sich die Butter von der Milch trennt. Die Butter herausnehmen. Den verbleibenden Quark bei mittlerer Hitze kochen, bis sich der Käse an der Oberfläche absetzt. Abkühlen lassen, in ein Sieb geben, abtropfen lassen und gründlich auspressen. Die Molke auffangen.
Roten Pfeffer untermischen und servieren.

Die Molke trinken oder wie die Butter bei der Zubereitung anderer Gerichte weiterverwenden.

Joghurt
Irgo (Äthiopien)

3-4 Tage ruhen lassen

1 l Milch
1 Weinrautenzweig

◆ Die Milch kurz kochen und abkühlen lassen. Mit der Weinraute in ein großes Glas oder einen irdenen Topf geben und bei Zimmertemperatur drei bis vier Tage stehenlassen.
Eignet sich zu allen scharfen Saucen.

Rezeptregister

Abish Wet 108
Alicha Merek 143
Alicha Tibs Wet 106
Amandazi 55
Amatooke 75
Assa Quanta Wet 134
Assa Wet 132
Ater Fitfit 144
Äthiopisches Fladenbrot 49
Äthiopisches Tatar 108
Awaze 43
Ayib 150
Azifa 68
Azifa Ledabo 68
Basilikum-Linsen 65
Beeftatar 111
Berbere 43
Biriani 92
Blumenkohl in gewürzter Tomatensauce 87
Blumenkohlpuffer 56
Blut 103
Bohnen in Kokosmilch 80
Bohneneintopf 83
Bohnenmischbrei 78
Bohnenpaste 139
Bozena Shiro 109
Bratfisch 134
Brennesseln 88
Brochettes 98
Brotfladen 52
Bunter Peperonisalat 145
Butecha 140
Caril de Camarão 135
Champignons 82
Chapati 52
Chechebsa 55
Comboflatcake 110
Curry-Hähnchen 127
Currypulver 46

Debelbel Siga Wet 101
Debelek Selata 145
Dinich Alicha 80
Dinich Bisega 93
Dinich Butecha 81
Doro Kitkit Tibs 124
Doro Minchet Abesh Alicha 128
Doro Shorba 60
Doro Tibs 121
Doro Wet 121
Doro Wet Alicha 122
Doyyo 100
Duba 86
Duba Quanta Wet 84
Duba Wet 82
Dullet 115
Eiersauce 149
Eiersauce, scharf 150
Ekyenanda Ekibisi 133
Embboli Na Maido 75
Enfrfer Shiro 70
Enkokko mu Binyebwa 123
Enqulal Minchet Abesh 150
Erbsenkuchen 70
Erbsenmehl 44
Erbsensauce 69
Fisch, gebraten 133
Fisch, gepfeffert 132
Fisch, überbacken 136
Fisch auf Tomaten 133
Fisch in pikanter Sauce 136
Fisch klassisch 132
Fisch mit Kurkuma 134
Fischpfanne 132
Fischtatar 133
Fladenbrot-Huhn 128
Fladenbrote 51
Fleisch, geröstet 99
Fleisch in Bockshornklee 108

Fleisch in Erbsenmehl 100
Fleisch in Kurkuma 104
Fleisch in scharfer Sauce, gefüllt 105
Fleisch in Tomatensauce 107
Fleisch mit grünem Pfeffer 143
Fleisch mit Hülsenfrüchten 109
Fleisch-Gemüse-Mischung 91
Fleischbällchen in scharfer Sauce 101
Fleischbraten in Kardamom-Sauce 102
Fleischfladen 110
Fleischsauce, pikant 103
Fleischspieße 105
Fleischtopf 97
Fleischtopf, überbacken 102
Foseliya Besiga 94
Garnelen 135
Garnelen mit Curry 131
Garnelen mit Curry-Kokos-Sauce 135
Gebackene Zucchini 87
Gebratene Kartoffeln mit Fleisch 93
Gebratener Fisch 133
Gebratener Grünkohl 78
Gebratener Spinat 86
Gefüllte Zwiebeln 77
Gefülltes Fleisch in scharfer Sauce 105
Gehacktes Huhn 125
Gekochtes Huhn mit Bohnen 124
Gelbe Erbsen 70
Gemischte Gemüsesuppe 61
Gemüse-Bohnen 85
Gemüsecurry 79
Gemüsesuppe, gemischt 61
Gepfefferte Kartoffeln 81
Gepfefferter Fisch 132
Geröstete Leber 117
Geröstetes Fleisch 99
Geschmortes Hähnchen in Ananas 122
Geschnittener Lamm- oder Kalbsbraten 110
Geschnittenes Huhn 126
Gestaubtes Fleisch 98
Getrockneter Fisch 134
Getrockneter Kürbis 84

Getrocknetes Fleisch 56
Gewürzbutter 44
Gewürzte Kichererbsen 72
Gomen 76
Gomen Alicha 79
Gomen Besiga 93
Gomen Betelba 78
Grillhuhn 123
Grüne Bohnen 80
Grüne Bohnen mit Fleisch 94
Grünkohl, gebraten 78
Grünkohl, scharf 77
Grünkohl mit Fleisch 91
Grünkohl mit Linsen, passiert 76
Gubet 117
Habescha Gomen Besiga 91
Hackfleischtopf 112
Hähnchen in Ananas, geschmort 122
Hähnchen in Erdnußsauce 123
Hähnchen in Kokosmilch 126
Hähnchen in Met 123
Hähnchen-Erdnuß-Bananen-Sauce 127
Hähnchenschnitzel 124
Hammelkeule 106
Hausgemachter Käse 150
Hühnersuppe 60
Hülsenfrüchtemehl besonderer Art 46
Huhn, gehackt 125
Huhn, geschnitten 126
Huhn auf äthiopische Art 121
Huhn in Kurkuma 122
Huhn in Senfpaste 125
Huhn mit Bohnen, gekocht 124
Ibijumba 86
Igisafuriya 127
Ingudai Wet 82
Ini Lilöokaangwa Na Mboga 116
Irgo 150
Irio 78
Joghurt 150
Junghuhn-Suppe 60
Käse, hausgemacht 150
Kamba 131

Kamongo 133
Kande Za Nazi 94
Karot Besiga 92
Kartoffeln, gepfeffert 81
Kartoffeln mit Fleisch, gebraten 93
Kartoffeln mit Möhren 80
Keyser Debelk Selata 146
Kichererbsen, gewürzt 72
Kichererbsen mit Fladenbrot 145
Kichererbsenfische 55
Kichererbsenfische in würziger Sauce 71
Kichererbsenlaibchen 51
Kichererbsenpaste 140
Kitfo 108
Kitfo Lebleb 111
Kitunguu Mjazo 77
Knäckebrot 55
Knoblauchpfanne 88
Kochbananen 75
Kochbananen in Kokosmilch 81
Kohl mit Leinsamen 78
Kohl-Eintopf 76
Kosta 84
Kosta Benqulal 85
Krabben-Curry 131
Krapfen 55
Kürbis 82
Kürbis in milder Sauce 83
Kürbissuppe 59
Kuku Aliyecamshwa Kati 122
Kuku Na Maharagwe 124
Kuku Na Nazi 126
Kulalitina Milas Tibs 118
Kurkuma-Hähnchen 128
Kutteln 115
Lamm- oder Kalbsbraten 97
Lamm- oder Kalbsbraten, geschnitten 110
Lammkeule 111
Lammnieren und -zunge 118
Leber, geröstet 117
Leber mit Cayennepfeffer 115
Leberpfanne mit Gemüse 116
Lega Tibs 97

Leinsamen mit Fladenbrot 143
Leinsamen mit Linsen 67
Leinsamenpaste 139
Linsen in scharfer Sauce 65
Linsen-Gemüse-Suppe 59
Linsenaufstrich 68
Linsenfüllung 66
Linsenpaste 68
Maharagwe 85
Maharagwe Mboga 83
Maharagwe Na Tui Ya Nazi 80
Maisbrei 143
Maisfladen 50
Mangold 84
Maniokauflauf 77
Maniokbrei 87
Masala 103
Matapa 135
Mboga Ya Bizari 79
Milas 116
Milas Tibs 117
Milasina Sember 118
Milde Sauce aus gelben Erbsen 69
Mildes Erbsenmehl 45
Mildes geröstetes Fleisch 106
Minchet Abesh Alicha 98
Minchet Abesh Wet 112
Miser Begomen 76
Mitin Shiro 44
Mitin Shiro Wet 69
Möhren mit Fleisch 92
Monye 133
Moushkaki 105
Muhogo 77
Mwoko Nyama Mzeto 102
Ndizi Na Tui Ya Nazi 81
Nech Schnkurt Tibs 88
Nech Shiro 45
Nierenbraten 117
Niter Qibe 44
Nyama Na Mboga Mzeto 91
Passierter Grünkohl mit Linsen 76
Pikante Fleischsauce 103

Pikante Sauce 69
Qitta 51
Quanta 56
Qwalima 105
Reis mit Lammfleisch 107
Reis-Fleisch-Eintopf 92
Rindfleisch-Curry 100
Rippen 109
Rippenfleisch in roter Pfefferpaste 112
Röstfleisch mit äthiopischem Wodka 104
Rote Linsen 67
Rote Pfeffermischung 43
Rote Pfefferpaste 43
Rote-Bete-Salat 146
Roter Linsentopf 68
Rührei 149
Salayish 112
Samaki Wa Kukarang 134
Samaki Ya Kuoka 136
Sambusa 66
Sauce, pikant 69
Sauce mit getrocknetem Fleisch 99
Scharfe Eiersauce 150
Scharfer Grünkohl 77
Schweinefleisch mit Bohnen 94
Sesam mit Peperoni 144
Sesampaste 139
Shimbra Assa Wet 71
Shiro Alicha 69
Siga Key Wet 97
Siljo 139
Skudahkharis 107
Sonnenblumenkerne 145
Spinat, gebraten 86
Spinat mit Eiern 85
Süßkartoffeln 86
Süßkartoffeln mit Erdnußsauce 75
Supu Ya Goga 59
Supu Ya Mboga Mzeto 61
Teff Injera 49
Tibs Bekatikala 104
Timatim Fitfit 146
Tomatensalat 146

Ubugali 87
Überbackener Fisch 136
Überbackener Fleischtopf 102
Ugali 143
Weiße Erbsen mit Peperoni 144
Weißkohl in Kurkuma 79
Weißkohl mit Fleisch 93
Weißkohlsalat mit Senf 144
Weizenmischfladen 50
Yeabeba Gomen Qitta 56
Yeabeba Gomen Wet 87
Yeassa Alicha 134
Yeassa Infille 136
Yeassa Kitfo 133
Yeassa Lebleb 132
Yeassa Tibs 132
Yebeg Eger Tibs 111
Yebeg Infille 106
Yecheguara Wet 115
Yedem Ribs 103
Yedifen Miser Alicha Wet 65
Yedifen Miser Wet 65
Yedoro Infille 126
Yedoro Minchet Abesch 125
Yedoro Quanta Wet 125
Yedoro Qulet 123
Yedoro Shorba 60
Yeduba Alicha 83
Yeduba Tibs 87
Yefoselia Atkelt 80
Yegoden Tibs 109
Yegomen Selata 144
Yehabesha Gomen 77
Yehabesha Gomen Tibs 78
Yekik Alicha 69
Yekik Wet 70
Yekosta Tibs 86
Yekulalit Tibs 117
Yemashila Injera 50
Yemiser Alicha 67
Yemiser Kik Wet 68
Yemiser Shorba 59
Yenqulal Firfir 149

Yenqulal Wet 149
Yeqitta Lewus 128
Yequanta Wet 99
Yesama Wet 88
Yeselit Fitfit 144
Yeselit Liqut 139
Yeshimbra Assa 55
Yeshimbra Ayib 72
Yeshimbra Fitfit 145
Yeshimbra Kufta 51
Yesiga Alicha 104
Yesiga Tibs 102
Yesinde Dibilek Injera 50
Yesuff Fitfit 145

Yetelba Fitfit 143
Yetelba Liqut 139
Yetelba Wet 67
Yetibs Wet 99
Zelzel Tibs 110
Ziegenfleischspieße 98
Zigni 107
Zucchini 86
Zucchini, gebacken 87
Zunge in Röstzwiebeln 117
Zunge mit Cayennepfeffer 116
Zunge- und Magenbraten 118
Zwiebel-Hähnchen 121
Zwiebeln, gefüllt 77

Stichwortregister

Die *kursiven* Seitenangaben verweisen auf Texte, die den Begriff erläutern, die übrigen auf Rezepte, in denen diese Zutat eine wichtige Rolle spielt.

Ananas 122, 123
Aubergine 79
Bananen 78
Blumenkohl 56, 79, 87
Bockshornkleesamen 32
Bohnen 45, 46, 78-80, 83, 85, 94, 124
Brathähnchen 121, 123-126, 128
Brennesseln 88
Champignons 75, 82
Chili *32*
Corned beef 110
Curry *32*
Eier 56, 66, 85-87, 100, 110, 116, 121-124, 128, 133, 146, 149, 150
Eisbergsalat 145
Erbsen 44-46, 69, 70, 77, 144
Erdnüsse 75, 103, 123, 127, 133, 135
Fleisch 59, 66, 91-94, 102, 104, 105, 109, 143, 150
Garnelen 131, 135
Gemüsezwiebeln 77
Gewürznelken *32*
Grünkohl *33*, 76-78, 91
Hackfleisch 76, 98, 100, 103, 105, 107-109, 112
Hammelfleisch 106
Hirse *33*, 50
Huhn 60, 121-128
Ingwer *33*
Kaiserbarsch 133
Kalbfleisch 56, 97, 99, 102, 104, 106, 110, 112, 115, 117, 118
Kardamom *33*
Kartoffeln 59, 60, 76, 78-81, 85, 92-94, 101, 110, 122, 127, 143, 146
Kichererbsen *34*, 45, 46, 79, 145

Kichererbsenmehl 51, 55, 71, 72, 140
Knoblauch *34*
Kochbananen *34*, 75, 81, 127
Kokosnuß *35*, 123, 135
Kokosmilch 59, 80, 81, 94, 124, 126, 131, 135
Koriander *35*
Krabben 131
Kreuzkümmel *35*
Kürbis 59, 82-84
Kurkuma *36*
Kutteln 115, 118
Lammfleisch 56, 97, 99, 103, 104, 106, 107, 109-112, 115, 117, 118
Linsen 59, 65-68, 76
Mais *36*, 78, 94
Maismehl 49-51, 55, 87, 116, 143
Mangold 84
Maniok *36*, 77, 87, 135
Met 43, 44, 46, 70, 82, 97-99, 102, 106, 112, 121-123, 125, 128, 132-134, 136, 146, 149, 150
Möhren 59, 61, 77, 80, 88, 91-94, 110, 116, 122, 146
Nudeln 59
Paprika 68, 91, 144, 146, 149
Peperoni 43, 44, 46, 65-69, 72, 76-78, 81, 83, 84, 91, 93, 97, 98, 103-106, 108-110, 112, 115-118, 128, 132, 133, 139, 140, 143-146, 149
Pfeffer *37*
Porree 60, 76, 78, 83, 84
Red Snapper 133
Reis 92, 107
Rindfleisch 56, 91-93, 97, 99, 100, 106, 108, 111, 116, 117

rote Bete 146
Rotwein 43, 44, 46, 102
Sauermilch 150
Schwarzkümmel *37*
Schweinefleisch 94
Sellerie 61
Senf *38*
Sorghum *38,* 50, 87
Spinat 79, 85, 86
Süßkartoffel *38,* 75, 86
Teff *38,* 49
Tomaten 61, 66, 75, 80, 83-87, 91, 93, 94, 97, 99, 103, 105, 107, 110, 115-118, 124, 127, 131, 133, 135, 136, 145, 146, 149

Trockenfisch 127, 134
Ugali *39*
Wein 70, 82, 84, 97, 99, 101, 106, 112, 121, 125, 126, 132, 134, 136
Weinraute *39*
Weißkohl 61, 79, 85, 93, 116, 144
Weißwein 98, 106, 115, 122, 128, 134, 146
Yams *39*
Ziegenfleisch 98, 101
Zimt *39*
Zucchini 86, 87
Zunge 116-118
Zwiebel *40*

In der Reihe »Gerichte und ihre Geschichte«
erschienen in gleicher Austattung:

Magdi und Christine Gohary · Brahim
   Lagunaoui
◆ Arabisch kochen

Moema Parente Augel
◆ Brasilianisch kochen

Jürgen Schneider
◆ Irisch kochen

Madhur Jaffrey
◆ Indisch kochen

Beate Engelbrecht · Ulrike Keyser
◆ Mexikanisch kochen

Márcia Zoladz
◆ Portugiesisch kochen

Jojo Cobbinah, Holger Ehling
◆ Westafrikanisch kochen

Die Reihe wird fortgesetzt. Bitte fordern Sie
unseren aktuellen Katalog an:

Verlag Die Werkstatt
Lotzestraße 24a
D-37083 Göttingen